Sri Mrinalini Mata

1931-2017

Vierde president en spiritueel hoofd van
Self-Realization Fellowship / Yogoda Satsanga Society of India
van 2011 tot 2017

Sri Mrinalini Mata

Goddelijk Bewustzijn

———— in ————

Het Dagelijks Leven

Over dit boek: de lezingen in *Goddelijk bewustzijn in het dagelijks leven* werden door Self-Realization Fellowship voor het eerst gepubliceerd in haar kwartaaltijdschrift *Self-Realization* dat in 1925 door Paramahansa Yogananda is opgezet.

Oorspronkelijke titel in het Engels uitgegeven door
Self-Realization Fellowship, Los Angeles (Californië):
Manifesting Divine Consciousness in Daily Life

ISBN: 978-0-87612-352-2

Vertaald in het Nederlands door Self-Realization Fellowship
Copyright © 2021 Self-Realization Fellowship

Alle rechten voorbehouden. Met uitzondering van korte citaten in recensies of boekbesprekingen mag niets uit *Goddelijk bewustzijn in het dagelijks leven (Manifesting Divine Consciousness in Daily Life)* vermenigvuldigd, opgeslagen, verspreid of openbaar gemaakt worden, in wat voor vorm dan ook en via welke middelen dan ook (elektronisch, mechanisch of anderszins) die nu bekend zijn of later worden ontwikkeld, daaronder ook fotokopie, opnamen en ieder systeem van informatieopslag, zonder voorafgaande schriftelijke toestemming van Self-Realization Fellowship, 3880 San Rafael Avenue, Los Angeles, California 90065-3219, U.S.A.

 Geautoriseerd door de International Publications Council van Self-Realization Fellowship

De naam Self-Realization Fellowship en het logo zijn te vinden op alle boeken, audio- en video-opnamen, films en andere uitgaven van SRF, zodat de lezer er zeker van kan zijn dat de uitgave afkomstig is van de organisatie die door Paramahansa Yogananda is gesticht en dat zijn leer getrouw wordt weergegeven.

Eerste uitgave in het Nederlands, 2021
First edition in Dutch, 2021

Deze uitgave 2021
This printing 2021

ISBN: 978-0-87612-937-1

1133-J06846

INHOUDSOPGAVE

DEEL I

Praktische lessen in hoe je in het
dagelijks leven goddelijk
bewustzijn kunt manifesteren 9

DEEL II

De zegeningen van *kriyayoga*
in het dagelijks leven 61

Goddelijk bewustzijn
in het dagelijks leven

Deel I

Praktische lessen in hoe je in het dagelijks leven goddelijk bewustzijn kunt manifesteren

Verkorte versie van een toespraak die Mrinalini Mata in Auckland heeft gegeven tijdens een bezoek aan verschillende centra van Self-Realization Fellowship in Nieuw Zeeland.

Het is een groot voorrecht om hier in jullie prachtige land aan de andere kant van de wereld te zijn en om jullie allemaal, leerlingen van Paramahansa Yogananda, te begroeten. Het maakt niet uit waar je woont of welke nationaliteit je hebt, iedereen die deze leer volgt is deel van die ene gemeenschap van zielen die op zoek zijn naar God. Zoals onze guru vaak zei: "Al mijn leerlingen zijn als familieleden voor mij. Zelfs als ik er niet meer ben, zullen er nog heel veel leerlingen uit alle uithoeken van de wereld komen. Ik weet wie het zijn en ze zullen door God aangetrokken worden om Hem te gaan zoeken. Ze zullen een enorme goddelijke bewustwording en liefde ervaren, die hen naar dit pad zullen leiden om tot Zelfrealisatie te komen." De grote wens van mijn hart, mijn diepe gebed is dat jullie verlangen naar God zich verdiept, dat dit verlangen in je hart, geest en ziel blijft leven en dat jullie een dieper besef van de werkelijkheid van Zijn aanwezigheid ervaren, van de nabijheid van dat oneindige Wezen bij elk van ons.

Diegenen onder ons die gezegend waren in de aanwezigheid van Paramahansa Yogananda te zijn, ervoeren in hem een levende belichaming van alle spirituele idealen, alle spirituele doelen waar ons hart naar verlangde, van alles wat we ons in ons diepste zoeken naar het Oneindige ooit hadden voorgesteld. In de jaren dat we zijn leiding en training in de ashram ontvingen, gingen we begrijpen wat het werkelijk betekent om God te zoeken en God te kennen. Ik weet zeker dat de meesten van ons ontdekten dat het beeld dat we van het spirituele leven hadden in de loop van de jaren veranderde. We zagen dat het zoeken naar God geen afwijzing van het leven betekent. Je kunt het eerder beschouwen als de meest praktische menselijke inspanning. De leerling die dichter en dichter bij God komt, wordt niet een teruggetrokken of zonderling iemand. Integendeel, wanneer je de eenheid van de ziel met

God begint te voelen, word je de meest evenwichtige persoon op aarde.

Het betekent ook niet dat je wonderen zult ervaren of wonderbaarlijke vermogens gaat ontwikkelen. Wanneer mensen overwegen God te gaan zoeken of een guru te volgen, verwachten ze vaak spectaculaire verschijnselen en gebeurtenissen. De meerderheid van de mensheid leeft een oppervlakkig leven. Ze zijn gericht op het materiële bestaan en denken niet verder na, ze zijn gericht op verlangens naar en gehechtheden aan uiterlijke vormen: 'Ik moet dit en dat hebben om te leven, te overleven, mijn gezin te onderhouden.' Dus wanneer mensen op zoek gaan naar God, lijkt de houding te zijn: 'Heer, ik zoek U nu, vul mijn leven daarom met wonderen. Laat al mijn problemen verdwijnen, al mijn verdriet oplossen. Wanneer ik tot U bid, geef me dan onmiddellijk antwoord en genees dit lichaam van ziektes en lijden. Wanneer ik bij een guru kom, een spiritueel leraar, wil ik hem de wonderen zien verrichten waarover ik in de Bijbel en de heilige schriften heb gelezen.'

Goddelijk bewustzijn in het dagelijks leven

Toen de guru en *paramguru*'s[1] van Meester hem op verzoek van God naar het Westen stuurden om daar de yogaleer te brengen, gaf hij in het begin vaak in het openbaar demonstraties van de macht van God, het oneindige potentieel van de geest en de wil, zoals Christus dat ook had gedaan. Maar later zei hij tegen ons: "Mensen vroegen me om het lichaam te genezen of ze vroegen me te bidden voor een succesvol zakenleven. Maar nadat hun lichaam was genezen of wanneer ze zagen dat hun zaak beter ging lopen, vergaten ze God. Ze bleven aan de oppervlakte en zochten nooit dieper." Daarom is hij hier later mee gestopt. Hij wilde zich concentreren op het werkelijke ideaal van zijn missie en dat was om in ieder ontvankelijk hart een diepe liefde en verlangen naar God te wekken zodat God de voornaamste werkelijkheid in het leven van elk van hen zou worden.

1 'Meester' is een titel die respect aanduidt en vaak door leerlingen wordt gebruikt wanneer ze over Paramahansa Yogananda spreken. Een meester is iemand die Zelfrealisatie heeft bereikt. Het komt overeen met het woord 'guru', het gebruikelijke Sanskrit woord voor iemands spirituele leermeester. Een *paramguru* is de guru van je guru. Hier verwijst het woord *paramguru* naar de guru's van SRF: Sri Yukteswar, Lahiri Mahasaya en Mahavatar Babaji. Hun christusgelijke levens worden beschreven in Paramahansa Yogananda's *Autobiografie van een yogi*.

Vaak wanneer leerlingen vroegen: "Vertel ons eens meer over Meester" verwachtten ze verhalen over wonderbaarlijke genezingen en vermogens. Meester bezat deze vermogens. Ik ben er vaak getuige van geweest dat hij ze demonstreerde. Maar ik ontdekte dat de macht van God zoveel dieper is, zoveel groter dan het laten zien van bijzondere vermogens. Hij was in staat het leven van mensen te verheffen en voorgoed te transformeren.

Denk eens aan de honderden, misschien wel duizenden die zagen hoe Jezus Christus de wonderbaarlijke vermogens van God toonde. Hoeveel van die duizenden mensen waren bij hem in het uur van zijn kruisiging? Hoevelen waren veranderd, waren werkelijk spiritueel getransformeerd zodat ze tijdens het lijden van Christus naast het kruis konden staan, naast hem wiens liefde voor God zo diep was dat hij alle beproevingen, al het lijden door verraad en kruisiging kon doorstaan? Er waren er maar een paar. De meeste mensen wenden zich van het spirituele pad af wanneer ze zich serieus moeten inzetten om God te kennen en te vinden en Hem een onlosmakelijk deel van hun leven te maken.

Het grootste wonder dat een leraar of profeet kan verrichten is een mens die gevangen zit in de illusies van *maya*, in de op zichzelf gerichte verlangens en gehechtheden en in de chaos van deze wereld, bij de hand te nemen en die ziel aan te raken met een liefde voor God die werkelijk waarde, een zinvol doel en een goddelijke betekenis aan zijn of haar leven geeft.

De werkelijke betekenis van religie

Als je in de fysieke aanwezigheid van onze eigen gezegende guru had kunnen zijn, zou je gezien hebben wat zijn meest bijzondere vermogen was: de goddelijke liefde die hij voelde voor God en de goddelijke liefde die hij van God ontving, een liefde die door zijn ogen en door zijn hele wezen stroomde. Ik heb gezien hoe die liefde mijn eigen leven en de levens van allen om hem heen hebben veranderd. Hierdoor werd God voor ons het meest werkelijke en belangrijkste in deze wereld. En ik zie, ook vandaag de dag, hoe die transformatie plaatsvindt in het leven van elke zoeker die deze leer serieus volgt en daardoor in de aura van zijn altijd levende aanwezigheid en bewustzijn komt.

Gurudeva kwam naar het Westen met een bijzondere opdracht die hij van Christus en de grote heiligen had ontvangen: om religie nieuw leven in te blazen, om de werkelijke betekenis van religie te laten herleven.

In plaats van uiterlijk 'kerkdom', zoals hij het noemde, leerde hij ons hoe we een tempel in onszelf kunnen bouwen waar we elke dag naar binnen kunnen gaan om diep over God te mediteren, waar we elke dag leven om Hem te dienen. "Religie" zo zei hij, "moet een werkelijke Godservaring zijn, veel meer dan alleen maar woorden of voorschriften. Ik vraag je niet blindelings te geloven" zei hij altijd. "Ik vraag je niet een dogma te accepteren. Maar ik zeg je dit: als je deze leer en meditatietechnieken beoefent en toepast, zul je in jezelf de aanwezigheid van God en de waarheid van mijn woorden werkelijk beseffen."

Vanavond wil ik in mijn toespraak over onze guru stilstaan bij zijn praktische insteek – de gewoonten die hij ons leerde en die God in ons leven brengen. In onze training begon hij met de basisprincipes van het spirituele pad. In de Indiase geschriften wordt gezegd dat het wezenlijke doel van religie is om de mensheid op te tillen naar een gelukzalige staat van bewustzijn (God) door het drievoudig lijden van de mens – lichamelijk, mentaal en spiritueel – met wortel en al uit te roeien zodat het voorgoed verdwijnt.

Om dit lijden uit te roeien moeten we begrijpen wat de oorzaak ervan is. Al het lijden en alle misverstanden, alle afgescheidenheid van God zijn het gevolg van *maya*, kosmische illusie – die zich in het individu manifesteert als onwetendheid. Als we God willen kennen, als we een pad willen volgen dat ons optilt naar die hoge staat van bewustzijn voorbij alle lijden, dan moeten we weten hoe we de onwetendheid over onze ware aard als goddelijke zielen – onsterfelijk, gelukzalig, vrij – kunnen opheffen.

In dit fysieke lichaam en met deze fysiek beperkte geest, neemt onwetendheid allerlei vormen aan. Deze heeft vele vertakkingen en is heel subtiel. Als we onwetendheid zouden uitsplitsen en onderzoeken hoe we deze kunnen overwinnen, zouden we uitkomen bij de lessen die onze guru ons in het dagelijks leven in de ashram gaf. En deze lessen gelden voor iedereen, of je nu in de wereld woont of in een klooster.

DE VOORKEUREN VAN HET
EGO OVERSTIJGEN

Een van de vormen van onwetendheid die het bewustzijn van de meeste mensen negatief beïnvloedt is de verslaving aan hun eigen voorkeuren en aversies. Beseffen we in welke mate ze ons leven beheersen? Veel van wat we doen wordt niet ingegeven door begrip van wat juist of onjuist is, maar door onze irrationele gevoelens. Een belangrijk basisprincipe van het spirituele leven is dat je leert hoe je kunt uitstijgen boven deze gevoelens die worden ervaren door het aan het lichaam gebonden ego, om zo de hogere waarneming van de ziel ruimte te geven tot uitdrukking te komen.

Dit betekent niet dat je het leven verloochent of dat je niet meer geniet van dingen. Het betekent dat je niet langer gebonden bent aan de gewoonten die zijn gevormd door gevoelens van voorkeur en afkeer, die in jou de illusie in stand houden dat je een beperkt, sterfelijk mens bent.

"Je moet onthouden" zei Meester vaak tegen ons, "dat je gemaakt bent naar het beeld van God. Maar is het beeld van God dit kleine lichaam, deze geest en deze vijf zintuigen, die zo beperkt zijn en maar zo betrekkelijk weinig ervaren? Nee. Het beeld van God in ons is onze ziel. De menselijke geest en het menselijk lichaam zijn slechts uiterlijke instrumenten waarmee de ziel zich kan uitdrukken. Je zult altijd gehinderd worden door onwetendheid en beperkt door je lichaam en je zintuigen als je je door hen laat dicteren: 'Ik vind dit leuk en daarom doe ik het. Ik vind dat niet leuk en daarom doe ik het niet.'"

Ik zal jullie een eenvoudig voorbeeld geven van de manier waarop hij ons dingen leerde. Er is een vrucht in India, een erg gezonde vrucht die *karela*, bittere pompoen, wordt genoemd. Meester hield hier erg van, zoals de meeste Indiërs, heb ik ontdekt en hij diende het gerecht vaak op in de ashram. Ik vond het niet echt lekker, maar ik wist dat we geacht werden geen voorkeuren te hebben, dus ik had het nog nooit tegen Meester gezegd.

Op een dag zaten we met hem aan tafel in de eetkamer van de hermitage in Encinitas en hij serveerde deze bittere pompoen. Ik voelde me die dag niet lekker. Ik had buikpijn. Dus ik dacht: 'Dit is een goed excuus. Vandaag hoef ik het niet te eten. Ik zeg gewoon tegen Meester dat ik me niet goed voel en het daarom maar beter niet kan eten.' Dus toen hij me wat eten wilde geven, weigerde ik beleefd. Ik zei: "Ik heb erge buikpijn. Ik eet dit liever niet."

Hij zei: "Oh, je hebt buikpijn?"

"Ja, Meester."

Hij zei: "Geeft niets, kom hier." Dus ik stond op en liep naar hem toe. Hij nam mijn handen in de zijne en zei: "Kijk me eens aan, kijk in mijn ogen. Haal diep adem. Adem nu uit. Je buikpijn is nu weg, toch?"

En dat was zo, meteen.

"Ja, Guru."
Hij zei: "Eet, tast toe!"
Maar de les met de bittere pompoen was daarmee nog niet klaar. Een tijdje later diende hij het opnieuw op en ik denk dat ik me die dag nogal vrijmoedig voelde. Hij stond op het punt me een flinke portie te geven en ik zei: "Meester, geef me maar een klein beetje. Ik vind die bittere pompoen niet lekker."
"Oh?" zei hij. "Je vindt het niet lekker?"
"Nee, Meester."
Hij riep een van de leerlingen en vroeg of die een grote kom wilde brengen. Toen pakte Meester de hele schaal met bittere pompoen en schepte het in die kom. Hij gaf het aan me en zei: "Ga zitten en eet." Ik moest gaan zitten en de hele kom met bittere pompoen eten.
De lessen die Meester ons gaf waren simpel en direct en ze werkten bevrijdend. We leerden al snel dat alles wat hij tegen ons zei – zelfs een ogenschijnlijk terloopse aanwijzing of de meest elementaire instructie – belangrijk was. We ontdekten dat hij in iedere situatie, in al zijn contacten met ons aan het werk was om de vertakkingen van onwetendheid die vaak diep in ons bewustzijn verborgen liggen uit te roeien. Hij werkte niet zozeer met wat we zeiden als wel met onze gedachten, het bewustzijnsniveau waar ons wezen zich

bevond. Stap voor stap leidde hij ons op het pad naar goddelijke verruiming en vrijheid.

Ik heb nooit meer tegen Guruji gezegd dat ik iets niet lekker vond! Zoals wij allemaal leerde ik de emoties en gevoelens te beheersen. Het onderscheidingsvermogen van onze ziel moet altijd heer en meester over onze gedachten, gevoelens en verlangens zijn. Dit kun je leren door te beginnen met de 'bittere pompoenen' in je eigen leven. Stimuleer jezelf om kleine dingen te doen die je hoort te doen, maar die je niet leuk vindt om te doen en doe ze met het bewustzijn: 'Dit is eigenlijk helemaal niet zo vervelend. Dit is goed voor me.' Begin met kleine dingen en je zult ontdekken hoe je ziel stukje bij beetje vrijer wordt.

Hoe je de goddelijke wilskracht van de ziel wekt

Een van de diepste oorzaken van het lijden, die maakt dat het leven wordt beheerst door onwetendheid, is een gebrek aan wilskracht. Dit betekent dat je de door God gegeven wil die in elke ziel aanwezig is niet gebruikt. Onze guru benadrukte dat het niet alleen gaat om wilskracht waarmee je de dingen doet die je moet doen, maar hij bedacht ook de term 'wil-niet-kracht' – het vermogen om ervoor te zorgen dat je geen dingen doet die je niet zou moeten doen. Hij leerde (en liet dat ook in zijn eigen leven zien) dat elk mens gemaakt is naar het beeld van God en daarom een vonk van de oneindige wil van God in zich heeft. We kunnen alles doen wat we willen als we zijn afgestemd op de goddelijke wil.

Dus behalve 'Dit vind ik leuk' en 'Dat vind ik niet leuk' waren er drie andere woorden die we van Meester nooit mochten gebruiken: 'Kan ik niet.' Telkens wanneer hij ons vroeg iets te doen, vroeg hij nooit: "Weet je hoe je dit moet doen?" of "Kun je dit?" Hij gaf ons gewoon een taak en zei: "Doe dit." En ons antwoord was altijd: "Ja, Meester." Vervolgens was het aan ons uit te zoeken hoe we het zouden doen.

Er waren veel verschillende manieren waarop hij ons leerde onze wilskracht te ontwikkelen. Ik ging nog naar school toen ik Meester ontmoette. De laatste drie jaar van mijn opleiding woonde ik al in de ashram maar ging nog naar een openbare school in Encinitas. Dat vond ik moeilijk omdat ik bij Meester wilde blijven, ik wilde de hele dag dienstbaar zijn aan hem. In die tijd reisde hij regelmatig op en neer tussen Mount Washington en Encinitas om in onze tempels in San Diego en Los Angeles voordrachten te houden en ik wilde graag met hem mee reizen – maar nee, ik moest naar school. Er waren meer leerlingen in de ashram die nog naar school gingen en hij verwachtte van ons allemaal dat we ons best deden de hoogste cijfers van de klas te halen. Hij zei altijd dat als mensen in de wereld de ambitie kunnen hebben de top te bereiken, waarom zouden mensen die God liefhebben dan niet de hoogste idealen, de grootste successen in hun leven kunnen bereiken? "Alles wat de moeite waard is te doen, is het waard goed gedaan te worden" zei hij tegen ons.

Gurudeva nodigde de leerlingen in de ashram in Encinitas een keer uit mee te gaan naar Los Angeles voor een of andere grote bijeenkomst daar. Toen draaide hij zich naar mij om en zei: "Maar voor jou beginnen de examens morgen. Die zijn heel belangrijk. Jij moet thuisblijven om te studeren."

Ik was ontroostbaar. Ik zei: "Maar Meester, laat me alstublieft meegaan. Als ik mee mag, dan beloof ik u dat ik na de bijeenkomst de hele nacht op zal blijven om te studeren. Wanneer we 's ochtends terug zijn in Encinitas, ga ik meteen naar school. Maar ik zal de hele nacht studeren."

Meester keek me aan en zei toen: "Goed. Je mag mee." Dus gingen we naar Los Angeles en woonden de bijeenkomst in de binnenstad bij en reden toen naar

Mount Washington. Het was heel laat toen we daar aankwamen, minstens 1 uur 's nachts. Ik liep naar mijn kamer boven. Meester bleef beneden met een aantal monniken praten. Ik wist dat ik in slaap zou vallen als ik ging zitten. Ik dacht: 'Nee, ik heb Meester beloofd de hele nacht voor mijn examens te studeren.' Dus ik bleef staan. Ik leunde tegen de muur met het boek in mijn hand en studeerde.

Het moet rond 3.00 uur zijn geweest toen Meester naar boven kwam. Hij klopte op de deur en toen hij de deur opende, zag hij me daar staan studeren. Hij zei tegen me: "Och, arm kind, het is al zo laat, je hebt je rust nodig. Waarom ga je nu niet naar bed? Ga maar naar bed en rust wat uit."

Ik dacht: 'Dat is fijn. Ik hoef me van Meester niet meer aan mijn belofte te houden.' Toen dacht ik: 'Moet ik niet mijn goede wil tonen? Ik moet niet te snel toegeven. Ik moet hem ervan overtuigen dat ik bereid ben me aan mijn belofte te houden.'

"Nee, Meester" zei ik, "ik heb u beloofd dat ik, als ik van u mee mocht, de rest van de nacht op zou blijven om te studeren." Ik dacht bij mezelf: 'Hij gaat nu vast zeggen "Nee, het is genoeg nu. Neem maar wat rust."' Hij keek me alleen maar aan en zei: "Dat is goed." Hij sloot de deur en ging weg.

Goddelijk bewustzijn in het dagelijks leven

De rest van de nacht heb ik me plichtsgetrouw beziggehouden met mijn schoolwerk. De volgende dag maakte ik het examen en haalde dankzij de zegen van Meester en mijn eigen inzet het hoogste cijfer van de klas.

Op deze manier leerde Guruji ons niet toe te geven aan de menselijke zwakheden van het lichaam. Als hij zag dat we wat nonchalant werden, merkte hij indringend op: "Wat is dit?" op zo'n toon dat we ogenblikkelijk weer bij de les waren. Dat deed hij om ons eraan te herinneren wat hij leerde: "In je pink heb je zoveel energie – atomische, elektrische, goddelijke energie – dat de stad Chicago er drie dagen lang op zou kunnen draaien als die energie vrijkwam. En jij zegt dat je moe bent? Of dat je dit niet kunt of dat niet kunt? De wil is de dynamo die put uit deze energie, uit dit oneindige potentieel van God binnen in je."

Meester zelf was onvermoeibaar. Het leek wel of hij nooit moe werd. Hij werkte dag en nacht zonder aan het lichaam te denken. Hij kende geen tijd. We zagen dat hij zijn lichaam 's nachts hooguit drie of vier uur rust gunde. Zelfs dan sliep hij niet op de gewone manier. Hij zei altijd: "Jullie denken dat ik naar bed ga en slaap. Maar ik ga op in het oneindige bewustzijn."

Iedereen die met Meester werkte, moest in zijn tempo werken. Dat was een flinke oefening in wilskracht. Soms werkten we wel twintig uur per dag of zelfs de klok rond. Het was een prachtige demonstratie van hoe de kracht van God lichaam en geest in stand houdt wanneer je graag en met het bewustzijn van Zijn aanwezigheid werkt.

Je hoeft niet in een ashram te wonen om dit principe toe te passen. Waar je ook bent, je leven kan worden vervuld met dat bewustzijn: 'Ik ben van God gekomen. Door die rechtstreekse kracht van God leef ik. Mijn wil, mijn leven, mijn vitaliteit is slechts een minuscuul deel van de oneindige kracht van God. Daarom denk ik na over Hem, denk ik aan Hem, terwijl ik alle taken van het leven uitvoer en alles doe wat de omstandigheden in mijn leven van me vragen. Ik herken dat oneindige vermogen van God in mezelf en hoe die door me heen stroomt, door mijn adem ademt, door mijn handen werkt en door mijn gedachten denkt. En uiteindelijk zal ik met die oneindige God versmelten wanneer dit kleine sterfelijke lichaam zijn rol in het leven heeft vervuld.'

Door al deze lessen leerde Guru ons: leer het goddelijke vermogen in jezelf te wekken om je te helpen de misleidende suggestie te overwinnen dat je onwetend of beperkt bent; de suggestie die zegt: 'Ik ben dit kleine lichaam. Ik voel deze pijn. Ik voel deze ziekte. Mijn lichaam kan dit niet doen omdat het lijdt. Mijn lichaam heeft warme kleren nodig omdat het koud is. Mijn lichaam heeft een speciaal soort voedsel nodig omdat ik maagproblemen heb.' Onthoud: de geest en de wil zijn de zetel van het goddelijke vermogen in jezelf. Train dat goddelijk vermogen. Maak het steeds sterker door het te gebruiken en je zult zien dat het in je leven werkelijkheid wordt.

GELIJKMOEDIGHEID: HOE JE DE KRACHT VAN DE DUALITEIT KUNT OVERWINNEN

Een andere manier waarop *maya*, de kosmische illusie, de onbekendheid met onze goddelijke natuur in stand houdt en waardoor we ons blijven identificeren met het fysieke lichaam en zijn beperkingen, is door de voortdurend veranderende dualiteiten van het leven. Deze hele schepping is gebaseerd op het principe van de relativiteit oftewel dualiteit: positief en negatief, vreugde tegenover verdriet, plezier tegenover pijn, licht tegenover schaduw, leven tegenover dood. In het bewustzijn van iemand die zich identificeert met de fysieke wereld veroorzaakt de ervaring van deze tegenstellingen verwarrende gedachten en emoties. De heilige schriften leren dat de aanwezigheid van God in elk van ons wordt weerspiegeld als de ziel, ons ware Zelf, en onze guru gaf vaak dit voorbeeld: "In een onstuimig golvend meer lijkt de weerspiegeling van de maan verwrongen. Zo kun je ook in een rusteloze, met de zintuigen geïdentificeerde geest de weerspiegeling van de ziel in het lichaam niet helder zien." Om het beeld van God ten volle te weerspiegelen moet het meer van je bewustzijn volkomen stil zijn, onberoerd door de stormen van het leven, de constante veranderingen van dualiteit en relativiteit.

Meditatie is natuurlijk essentieel om die innerlijke stilte te bereiken.[2] En, zo leert de *Bhagavadgita*, de enige manier om God waar te nemen wanneer je in de wereld bezig bent, is door jezelf te trainen in gelijkmoedigheid. Dat betekent dat we het meer van ons bewustzijn niet laten verstoren door emoties als we worden geconfronteerd met de onvermijdelijke dualiteiten van het leven. Dit maakt ons niet tot een automaat zonder gevoel. Ik ken geen mens die zo'n levensvreugde uitstraalde, zo'n

---

[2] 'Wanneer we de rusteloze gedachten door meditatietechnieken uit het meer van de geest terugtrekken, zien we onze ziel, een volmaakte weerspiegeling van de Geest, en beseffen we dat de ziel en God een zijn' – Paramahansa Yogananda.

Goddelijk bewustzijn in het dagelijks leven

diep gevoel van goddelijke liefde en compassie als onze guru. Hij voelde de vreugde en het lijden van het leven zo door en door, maar hij zei altijd: "Ook al ervaar ik deze dingen aan de buitenkant, mijn geest behoudt altijd de stille helderheid waarin het beeld van God en mijn bewustzijn als één volmaakt wezen worden weerspiegeld."

De meeste mensen realiseren zich niet hoe ze hun geluk en vrijheid voortdurend beperken doordat ze te sterk reageren op de tegenstellingen van de dualiteit die ze in het dagelijks leven tegenkomen. Neem hitte en kou – het lichaam is zo gevoelig voor extreme temperaturen! Yogi's in India stellen hun gelijkmoedigheid op de proef door zich bloot te stellen aan extreme hitte of kou zonder dat ze hun bewustzijn erdoor laten verstoren. En Meester liet ons dit vaak in de ashram oefenen.

In de laatste jaren van zijn leven bracht Guruji veel tijd door in zijn retraitehuis in de woestijn om te werken aan zijn geschriften. Het grootste deel van zijn vertaling van en commentaar op de *Bhagavadgita*[3] heeft hij hier geschreven. Hij dicteerde en een van ons zat achter de typemachine en typte zijn woorden uit. Soms

3 *God Talks With Arjuna: The Bhagavad Gita – Royal Science of God-Realization* (uitgegeven door Self-Realization Fellowship).

werkte hij vele, vele uren achter elkaar – de hele dag en meestal tot diep in de nacht.

Er was een klein omheind terrein rondom zijn woning in de woestijn en wanneer Meester klaar was met zijn werk, zei hij altijd: "Kom, laten we over het terrein lopen, onder de sterrenhemel en de maan." Het kan 's nachts in de woestijn heel koud zijn, ver onder het vriespunt. Er was een periode waarin het extreem koud was, bitter koud. En omdat we in Zuid-Californië woonden hadden we maar weinig winterkleren. Op een nacht gingen we rond drie uur in de ochtend naar buiten om te wandelen. Ik had een jas aan en een deken om me heen geslagen. Meester had alleen een jasje aan. Hij wandelde, ademde de frisse lucht in en voelde zich geweldig. Maar ik bibberde van de kou! Het was zo koud dat ik nauwelijks kon lopen. Uiteindelijk, nadat we een paar keer het terrein hadden rondgelopen, dacht ik: 'Zo, nu zal het toch wel genoeg zijn.' Ik zag dat hij aan een nieuw rondje wilde beginnen en zei: "Meester, het is zo koud, wilt u me verontschuldigen? Ik wil graag naar binnen."

"Koud?" zei hij. "Kijk mij eens, ik heb het niet koud. Waarom sta je je geest toe te denken dat het koud is?"

Tegen die tijd had mijn geest de suggestie van kou al overgenomen, dus het was op dat moment moeilijk voor me nog te veranderen. Ik voelde me de rest van die wandeling over het terrein verkleumd van de kou. De volgende nacht had ik die les onthouden en ik dacht: 'Meester had het niet koud. Hij zei dat het allemaal maar gedachten zijn. Daarom zeg ik tegen mijn gedachten: *het is niet koud.*' Maar ik kon het niet laten: ik keek op de thermometer toen we door de achterdeur naar buiten gingen. Het was kouder dan de nacht ervoor – en de gevoelstemperatuur maakte het nog erger omdat het zo hard waaide dat je er nauwelijks tegenin kon lopen. Maar nu had ik mijn geest voorbereid. Ik sprak de volgende affirmatie: 'Nee, het is niet koud. Ik ga van deze ervaring genieten. Ik ga in de aanwezigheid van mijn guru aan God denken en aan de schoonheid van het hemelgewelf, de sterren en de maan.'

We liepen die nacht bijna een uur buiten en ik had het helemaal niet koud. Die kleine suggestie aan de geest maakte het verschil. Dus het werkt. Ik weet dat het werkt. Als ik het kan, kunnen jullie het allemaal. Leer gebruik te maken van positieve gedachten om je geest te beïnvloeden. Geloof in deze gedachten en je zult zien welke wonderen ze in je leven kunnen verrichten. Je zult zien hoe je meester wordt over lichaam en geest.

Guruji was erg praktisch en zei altijd: "Als je het koud hebt en er is verwarming aanwezig, zet die dan aan of trek anders een jas aan! Als je het warm hebt en je kunt de ventilator aandoen, doe dat dan. Maar laat je geest nooit verstoord, verward of ongelukkig worden als je deze omstandigheden niet kunt veranderen."

Geestkracht en de goede houding tegenover lijden

De yogi moet ook leren gelijkmoedig te blijven als hij te maken krijgt met ziekte en lichamelijk lijden. Dit is misschien een van de moeilijkste beproevingen want als je lichaam pijn lijdt, is het moeilijk je te oefenen in het idee dat de materie niet echt is of om je te realiseren 'Ik ben niet het lichaam'. Op dat moment ben je heel erg geïdentificeerd met die fysieke vorm!

Meester liet ons zien hoe je zou moeten reageren op lijden en fysieke pijn: je houdt vast aan een onverstoorbare gelijkmoedigheid en een houding van overgave aan en vertrouwen in God terwijl je voortdurend probeert met je geestkracht de materie te overwinnen, met je geest de pijn te overwinnen.

Er wordt gezegd dat grote heiligen en meesters – zij die zich herenigd hebben met God – het vermogen hebben de karmische gevolgen van verkeerde handelingen van anderen op zich te nemen[4] en deze in hun eigen lichaam uit te werken. Dit kun je vergelijken met een heel zwak iemand die op het punt staat door een heel sterk iemand geslagen te worden. Als een andere sterke persoon voor de zwakke persoon gaat staan, kan hij de klap opvangen. Hij wordt er nauwelijks door geraakt, terwijl het voor de zwakke persoon de doodsklap had kunnen zijn.

Onze eigen guru heeft dit vermogen andere zielen te helpen en hun last te verlichten. Ik heb hem dit heel vaak zien doen en hij heeft zelf tegen ons gezegd: "Ik heb het karma van jullie allemaal op me genomen en van zoveel anderen." Leerlingen van over de hele wereld schreven hem en vroegen om genezing. Ik kan me

---

4 'Het gecombineerde karma van groepen of individuen – bijvoorbeeld sociale of raciale groepen, of volkeren – of het karma van de hele wereld vormen het collectieve karma van de aarde of van delen ervan [...]. Een grote hoeveelheid goed collectief karma als gevolg van een leven in harmonie met goddelijke wetten en krachten zegent de aardse omgeving van de mens met vrede, gezondheid en welvaart. Een opeenstapeling van slecht collectief karma stort de mens in oorlogen, ziekten, armoede, verwoestende aardbevingen en andere soortgelijke rampen.' – *Paramahansa Yogananda*

herinneren dat hij deze brieven heel vroeg in de ochtend las. Hij zat dan met gekruiste benen op zijn stoel te mediteren en bad diep voor elk van hen. Zo nu en dan zagen we in Meesters eigen lichaam wat lichte symptomen van een ziekte die hij had overgenomen van iemand die om zijn hulp had gevraagd.

Tegen het einde van zijn leven zei Meester ons dat God hem had gewaarschuwd dat hij al te veel karma van anderen in zijn eigen lichaam had uitgewerkt. "De goddelijke Moeder zegt me dat ik niet nog meer op me moet nemen" zei hij. Maar ik heb nooit gezien dat hij iemand weigerde. Dat kon hij niet.

Guruji nam niet alleen karma op zich van individuele personen die om zijn hulp vroegen. Hij had ook het vermogen zogenaamd collectief karma op zich te nemen. Hele grote zielen kunnen dit. Daarom kon Johannes de Doper over Jezus zeggen dat hij 'de zonde van de wereld wegneemt'. Tijdens de Koreaoorlog die in 1950 begon, zaten we soms bij Gurudeva en hoorden we zijn woorden wanneer hij het in een hele diepe staat van *samadhi* uitschreeuwde van de pijn omdat hij in zijn eigen lichaam de kogels van machinegeweren en het lijden van de jongens die stierven op het slagveld voelde. Hij onderging soortgelijke ervaringen tijdens de Tweede Wereldoorlog en eind veertiger jaren toen er in India grote overstromingen waren en er hongersnood heerste. Door de eenheid die hij in *samadhi* met de mensheid voelde, voelde hij ook in zijn eigen lichaam het enorme lijden omdat God hem toestond veel van de last van het collectief karma op zich te nemen en hiermee de pijn en het duister van de mensheid te verlichten.

Getuige zijn van het goddelijk bewustzijn waarmee lijden kan worden overstegen

Ik herinner me dat, toen onze eerste wereldwijde Convocation in 1950 op het Mother Center werd gehouden, Meester veel last van zijn benen had. Lopen of staan was extreem pijnlijk voor hem, dus was het zo geregeld dat hij met een auto naar de tennisbaan zou worden gereden waar de bijeenkomst werd gehouden. We baden allemaal en maakten ons zorgen. 'Hoe komt hij in hemelsnaam het podium op om zijn voordracht te geven?' Toen de auto kwam aanrijden en stopte, hielden we onze adem in omdat we wisten welke problemen zijn lichaam moest doorstaan. De deur ging open en Meester stapte uit de auto – en we snakten eensgezind naar adem omdat het echt leek alsof Meester niet liep maar zweefde en zijn voeten nauwelijks de grond raakten toen hij van de stoeprand naar het podium ging.

Hij stond daar twee uur en sprak de mensen toe. Daarna begroette hij iedereen die was gekomen – hij bleef nog vele, vele uren na zijn toespraak. Naderhand toen hij naar zijn vertrekken terugging, zei hij tegen ons allemaal: "Dit is een van de mooiste ervaringen van mijn leven. Kijk eens hoe de goddelijke Moeder je de onwerkelijkheid van het leven met haar wisselende tegenstellingen laat zien. Aan de ene kant zie je hoe dit lichaam leed en aan de andere kant zie je dat het me totaal niet raakt. Ik word gekoesterd in de armen van de goddelijke Moeder en ik ken dit lichaam en zijn lijden helemaal niet."

Guruji zei vaak tegen ons: "Mijn leven heeft twee kanten, net zoals een munt twee kanten heeft." Aan de ene kant was hij zich er altijd van bewust dat de hele schepping – zijn lichaam, onze lichamen, deze kamer, deze tafel, deze stoel, alles – gemaakt is uit dat oneindige bewustzijn waar geen beperkingen, pijn of lijden bestaan. Het is slechts de schijn van werkelijkheid die God aan de schepping (*maya*) heeft gegeven waardoor het Oneindige in ogenschijnlijk afgescheiden, begrensde vormen wordt opgedeeld en echt lijkt. Meester noemde het vaak een kosmische hypnose. God laat ons denken dat deze wereld en dit lichaam werkelijkheid zijn en omdat deze door God ingegeven hypnotische suggestie zo krachtig is, accepteren we de wereld en het lichaam als echt.

Avatars – grote zielen die al verlichting hebben bereikt, maar die zoals onze guru, terugkeren naar de aarde om anderen te helpen verlichting te bereiken, om de wereld te helpen bevrijding te vinden, om zoekende zielen de weg naar God te wijzen – zelfs deze *avatar*s, zo legde Guruji ons uit, moeten door een fysiek lichaam aan te nemen een zekere mate van illusie of beperking op zich nemen. Zonder die illusie, zonder het *maya* dat maakt dat deze wereld zo echt lijkt, zouden de atomen van hun lichaam niet bij elkaar gehouden kunnen worden. Ze zouden zijn wat ze in werkelijkheid zijn: niets anders dan het onbegrensde licht en het bewustzijn van God.

We hebben dit in het leven van onze guru gezien – hoe hij leefde in een fysiek lichaam, net als dat van jou en mij, en hoe dat lichaam pijn kon voelen en onderworpen was aan de beperkingen van ziekte en verwondingen. En hoe hij tegelijkertijd uitdrukking kon geven aan het oneindige vermogen en de potentie van de geest om deze fysieke 'werkelijkheid' te overstijgen. Wanneer hij tegen het lichaam zei: "Sta op en loop", zelfs wanneer het lichaam ziek was of pijn leed, stond dat lichaam op en liep. Soms leek het onmogelijk dat hij in staat zou zijn een afspraak voor een lezing na te komen of mensen te ontmoeten die van ver waren gekomen om hem te zien. Onverschrokken bereidde hij zich op de bijeenkomst of het gesprek voor en wanneer het tijd was, verdween elk spoor van ziekte dankzij zijn wilskracht en zijn vertrouwen in dat oneindige Vermogen binnen in zichzelf. Zoals hij zei: "God schiet me altijd te hulp. De goddelijke Moeder zegt me pas op het allerlaatste moment of ze me al dan niet de kracht en het vermogen zal geven, of ze al dan niet deze beproevingen, dit lijden van me zal afnemen. Het enige wat ik weet is dat het nu tijd is om haar te dienen, om God te delen met hen die zijn gekomen om mijn hulp te vragen. Maar het gebeurt altijd op het laatste moment, het is alsof ze me in haar armen neemt en meeneemt naar die grote liefde en dat grote licht."

Dus na dat voorval op de Convocation zei hij: "Toen ik uit de auto stapte, was ik me niet meer bewust van het lichaam. Het lichaam, alle mensen en de omgeving werden een zee van goddelijk licht. En ik voelde me in dat licht, dat bewustzijn van God zweven." Degenen van ons die erbij waren, waren getuige van een echt wonder. En we wisten dat een goddelijke kracht onze guru op dat moment had opgetild.

'Het enige veilige toevluchtsoord'

Guruji zei altijd: "Aan één kant van mijn bewustzijn is de materiële wereld en lichaam. Zelfs wanneer ik me via deze fysieke vorm uitdruk, zie ik toch altijd aan de andere kant de onwerkelijkheid van dit alles."

Hij had in de woestijn eens zijn interpretaties van de *Bhagavadgita* gedicteerd. We zaten aan zijn voeten en hij besprak heel diepzinnige ideeën over de aard van de schepping en de onwerkelijkheid van deze wereld – hoe God Zijn *maya* aan de mensheid oplegt en ons doet denken dat dit allemaal zo echt is en zo belangrijk. Toen trok hij zich een tijdje helemaal in zichzelf terug. Er kwam altijd een bepaalde uitdrukking op het gezicht van Meester wanneer zijn bewustzijn zich naar binnen keerde en zich op God richtte. We herkenden die blik en werden stil.

Terwijl we daar zaten te wachten totdat hij weer aan het werk zou gaan, begon hij plotseling te lachen. Meester had een hartelijke, aanstekelijke lach en al snel lachten we allemaal met hem mee. Uiteindelijk zei hij: "Het is zo'n grap! Het is zo'n truc die God met jullie allemaal uithaalt! Deze wereld en haar ervaringen zijn zo onecht. Het is allemaal God, het is allemaal de film van God – het spel van Gods licht en schaduw in dit filmhuis van de kosmos. Het is niet echt, het is niet echt! De goddelijke Moeder houdt jullie gewoon voor de gek! Jullie nemen het allemaal zo serieus, maar het is niet meer dan een grap die de goddelijke Moeder met jullie uithaalt!"

Maar toen werd hij heel ernstig en tranen van compassie begonnen over zijn wangen te rollen terwijl hij naar ieder van ons keek. "Maar ik heb zo'n medelijden met jullie allemaal" zei hij heel teder "omdat deze wereld voor jullie nog zo echt is."

"Neem het niet te serieus" ging hij verder. "Beschouw het gewoon als een show van God – met de vreugde en het verdriet, de teleurstellingen, de illusies, de pijn, het leven en de dood die er nu eenmaal bij horen. Een goede film heeft al die dingen in zich! Als de omstandigheden je beginnen te storen, als ze je omlaag halen en je ontmoedigen, keer dan in gedachten naar God en zeg: 'Maar ik weet, Heer, dat dit slechts een tijdelijke droomfilm is die wordt geprojecteerd door de bundel van Uw licht en bewustzijn. Ik ben een vonk van dat oneindige licht en bewustzijn die voor een poosje een kleine menselijke rol in dit lichaam speelt en ik weet dat het niet echt is.' Leer te lachen om de show waarmee God je laat denken dat het echt is. Leer de werkelijkheid achter de filmscènes van de schijnwerkelijkheid te zien. Kijk naar de goddelijke Moeder. Kijk naar de lichtbundel. Dat is het enige veilige toevluchtsoord."

Hoe je boven de stemmingen van het ego uitstijgt

Een andere oorzaak die aan de basis van onwetendheid ligt en verankerd is in onze 'tweede natuur' oftewel ego – waardoor ons bewustzijn beperkt blijft tot de dualiteit – zijn de wisselende stemmingen van geluk en verdriet. Ook deze vormen een onderdeel van de illusie die we moeten leren overwinnen. Ik herinner me een ochtend dat Meester me bij zich riep. Ik liep die dag over van geluk. Maar toen ik zijn kamer binnenliep, voer Meester tegen me uit. Een paar dingen die hij me verweet waren niet mijn verantwoordelijkheid of fout. Maar toch, zijn uitbrander was zo zwaar dat mijn vreugde vervloog. Ze vloeide zo uit me weg en ik begon me heel verdrietig te voelen. Na een paar minuten stuurde hij me weg om mijn werk te doen.

We hadden geleerd dat Meester altijd een reden had voor de training die hij ons gaf. We probeerden ons niet te verdedigen of onze handelingen uit te leggen of te rechtvaardigen omdat we wisten dat het hem niet alleen ging om wat we op dat moment dachten of deden. Hij groef diep in ons bewustzijn en probeerde alle zaadjes van onvolmaaktheid die binnen in ons zaten te verwijderen om zo de volmaaktheid van God die in onze ziel verborgen was naar buiten te brengen.

Ik begon te denken: 'Nou, ik verdiende deze terechtwijzing. Of het nu wel of niet lag aan de dingen waarvoor ik terecht werd gewezen, maakt niet uit. Ik moet deze dingen altijd met de juiste houding aanvaarden.' Stukje bij beetje kwamen mijn vrede en afstemming op Meester terug. En op dat moment riep hij me weer bij zich.

Deze keer was hij een en al liefde en vriendelijkheid zoals we van hem gewend waren. "Kijk eens hoe je vanochtend binnenkwam" zei hij. "Je was een en al glimlach, heel erg gelukkig. En hoe dat door een kleine terechtwijzing helemaal vervloog. Je moet leren de vreugde van God te ervaren, zowel in de winter van het leven met zijn beproevingen en problemen als in de zomer wanneer alles je voor de wind gaat. Als je dit niet leert, zal in die periode van beproeving wanneer er een kleine verstoring in je leven komt, je vreugde vervliegen en zul je ontdekken dat wanneer je die vreugde verliest, je ook het bewustzijn van God verliest. Toen ik je vanochtend terechtwees, had je vreugde niet zomaar moeten opdrogen. Je had dat geluk moeten kunnen vasthouden – in de winter van je problemen en in de zomer van vrede, voldoening, ontspanning en tevredenheid."

Deze ervaringen met Meester, deze eenvoudige maar diep betekenisvolle lessen, zijn we nooit vergeten en we leerden hoe we ze konden toepassen op alle gebeurtenissen in ons leven. We zagen bijvoorbeeld dat leerlingen die teveel heen en weer worden geslingerd of beïnvloed door de wisselende golven van vreugde en verdriet die het bewustzijn van de meeste mensen in beroering brengen, humeurig worden.

"Stemmingen" zei onze guru altijd "zijn een uitdrukking van slecht karma uit het verleden – verkeerde neigingen of verlangens die we spiritueel nog niet hebben overwonnen, maar waaraan we in dit leven niet willen toegeven. Met andere woorden, we hebben nu geleerd dat bepaalde handelingen verkeerd zijn, dat we ons hier niet mee bezig moeten houden. Dus werpen we een mentale barrière op en zeggen: 'Ik ga dit niet doen.' Maar als het zaad van een handeling zich nog in ons bewustzijn bevindt, kan het in de vorm van stemmingen ontkiemen, zelfs wanneer we de handeling zelf bewust vermijden."

Het kan zijn dat je het ene moment heel gelukkig bent en dan, zonder enige reden, word je somber, ontmoedigd. Door een onbeduidende gebeurtenis die totaal niet in verhouding staat tot je reactie, voelt het alsof je wil en enthousiasme verdwenen zijn. Dan begin je heel veel medelijden met jezelf te krijgen: 'Het leven is onrechtvaardig. Geluk en zegeningen lijken alleen maar in het leven van anderen voor te komen. Ik krijg nooit een keer rust!' Dit soort stemmingen zijn beperkend en verstikken de geest. Meester stond nooit toe dat we aan deze stemmingen toegaven – en hij wist precies wanneer we er middenin zaten.

In mijn beginjaren op het pad had ik last van stemmingen, maar dankzij de strenge training van Meester en Gods zegen lukte het me ze te overwinnen. Ik herinner me dat ik op een dag in een sombere stemming was en Meester een aantal van ons opdracht gaf naar zijn kamer te komen. De anderen waren er al toen ik binnenkwam en hij met zijn ogen dicht zat te mediteren. Hij opende zijn ogen niet om me te zien maar toen ik binnenkwam gebaarde hij met zijn hand dat ik weg moest gaan en zei: "Mrina, kom niet in mijn kamer.

Blijf uit mijn buurt met die negatieve vibraties. Ga terug naar je kamer!"

Ik keerde terug naar mijn kamer – en toen was ik pas echt van streek! Ik dacht: 'Ik voelde me zo eenzaam en ontmoedigd – en wilde zo graag volmaakt toegewijd zijn aan God maar had medelijden met mezelf omdat ik zo ver van dat doel verwijderd was. Het enige dat ik van Meester nodig had was een bemoedigend woord en dan was mijn bui over geweest. Als hij alleen maar had gezegd: "Je bent op de goede weg. Ik zal je helpen. Blijf gewoon mediteren, steeds dieper […]." Gewoon een beetje liefde en bemoediging – dat is het enige dat ik nodig had. Maar nu, in plaats van me te helpen, stuurde hij me weg!'

We leerden al snel dat dit de manier was waarop Meester ons trainde. Telkens wanneer we niet op Meester waren afgestemd, stuurde hij ons weg. Dit is een belangrijk punt dat jullie allemaal, die niet in de gelegenheid waren in de fysieke aanwezigheid van Guru te zijn, moeten begrijpen. Ook toen hij fysiek bij ons was, wees hij ons terecht en leidde ons niet zozeer door persoonlijk contact en zintuiglijke communicatie maar door spirituele afstemming. Als we spiritueel op Meester waren afgestemd, waren we in staat zijn hulp en zegeningen te ontvangen en ervan te leren – dan mochten we bij hem in de buurt zijn. Maar als we spiritueel niet helemaal op hem waren afgestemd, sloot hij ons buiten. Hij stuurde ons weg.

Als dat gebeurde, was er maar een ding dat we konden doen. We gingen naar onze kamer en voelden ons heel ongelukkig. Waar konden we heen? We knielden voor God, voor ons altaar en huilden en baden tot God: 'Laat me zien wat ik fout heb gedaan. Verander me. Help me af te stemmen op mijn guru. Help me af te stemmen op U. Verander deze grofstoffelijke vorm met al zijn onvolmaaktheden en beperkingen in een werktuig waardoor U kunt leven en waarmee U Zich in deze wereld kunt uitdrukken voor het welzijn van het zelf en van de hele mensheid, van de hele wereld.'

Als we op deze manier baden, voelden we plotseling een grote vrede: we hadden ons bewustzijn boven de verwarrende stemmingen, beperkingen en illusies van het ego uitgetild en hadden het teruggebracht naar de stilte, naar afstemming op God en Meester. Wanneer die vrede terugkeerde – dit zag ik steevast gebeuren – werd er op de deur geklopt of schoof iemand een briefje onder de deur door waarop stond: 'Meester wil je nu graag zien.'

Wanneer we dan naar zijn kamer gingen, was hij een en al liefde en vreugde. Hij zei dan altijd: "Och, och.

Ik had je niet zo'n uitbrander moeten geven. Dat heb je niet verdiend. Het spijt me zo dat ik je pijn heb gedaan." Wij bogen dan voor Meester en zeiden: "Meester, geef me deze training wanneer het nodig is, de hele tijd." Als we op hem waren afgestemd, begrepen we het. Zijn terechtwijzing was een zegen, die hij gaf omdat hij zoveel van ons hield en ons wakker wilde schudden uit de illusies van fysieke en mentale beperkingen.

Hoewel ik nu niet meer dat fysieke contact met hem heb, zie ik dat de leiding en zegen van onze guru nog net zo werkelijk zijn als tijdens zijn leven. Ik weet wanneer hij me bijstuurt of me leidt. Het is net zo tastbaar en het kan net zo pijnlijk zijn. Maar die leiding en die pijn helpen me om te overwinnen. Op dezelfde manier zal ieder van jullie die serieus op zoek is naar God ontdekken dat het de guru is die je helpt en leidt op je pad. Wanneer je jouw aandeel op het spirituele pad levert, zul je zijn zegeningen ontvangen en door deze zegeningen en je eigen inzet zul je de zegeningen en de genade van God ontvangen.

God en guru zullen je op de proef stellen; ze zullen je corrigeren wanneer dat nodig is. Maar je leert terwijl je voortgaat op het pad – net zoals wij moesten leren en nog steeds leren – om die terechtwijzing met de juiste houding te accepteren. Bij alle vreugdevolle en alle verdrietige omstandigheden waar je in terechtkomt, besef je dat dit niet zomaar toevallig is. Je krijgt het van God en guru als een deel van het karma dat je op dat moment kunt gaan uitwerken en het komt met een reden. Het heeft een les voor jou in zich. Als je die eenmaal hebt geleerd, zul je ontdekken dat je zoveel vrijer bent, zoveel dichter bij God. Je zult wat minder gevangen zitten in de beperkingen van dit lichaam en deze geest. En je zult voelen dat de oneindige Macht, die oneindige Liefde en Vreugde net wat meer in je leven tot uitdrukking kunnen komen.

Hoe je het bewustzijn
in het goddelijke verankert

Meester leerde ons dat een van de belangrijkste oorzaken van onwetendheid – de staat waarin we onze goddelijke aard zijn vergeten – het voortdurende spervuur van allerlei vormen van afleiding is dat ons bewustzijn verstoort en de aandacht naar buiten trekt. De geest wordt voortdurend verleid om aan andere dingen te denken en God te vergeten, terwijl de leerling die Godrealisatie wil bereiken moet leren het bewustzijn en de gedachten constant te verankeren in het goddelijke.

Goddelijk bewustzijn in het dagelijks leven

Meester trainde ons op allerlei manieren om dit te doen. Soms kwamen we zijn kamer in met onze gedachten volledig in beslag genomen door het werk – met beslissingen die we moesten nemen, projecten die hij ons had gevraagd uit te voeren enzovoort. We waren vol enthousiasme in de weer dingen voor elkaar te krijgen en ons bewustzijn ging helemaal op in alles waar we mee bezig waren. Hij besteedde hier een tijdje aandacht aan en zei dan plotseling, midden in ons overleg, terwijl onze gedachten druk bezig waren de vele problemen op te lossen die horen bij het leiden van een organisatie: "Oké, laten we nu gaan zitten om te mediteren."

We gingen zitten om te mediteren en wanneer onze geest ook maar een klein beetje rusteloos was, wist Meester het. Hij zei dan: "Heb je maar zo weinig liefde voor God, ben je zo mat dat je je geest laat afdwalen en door deze rusteloze gedachten laat afleiden? Veranker je geest in God. Laat de gedachte aan al het andere los en duik met je hele bewustzijn in God." Dus we hebben geleerd dat te doen. Na een meditatieperiode zei Meester dan: "Oké, ga maar weer aan het werk." We moesten van het ene op het andere moment ons bewustzijn veranderen en onze taken weer oppakken

– met evenveel enthousiasme, evenveel aandacht, evenveel concentratie.

"Dit is de manier waarop de echte yogi, de echte leerling, door het leven gaat" zei Meester tegen ons. "De doorsnee persoon is als de slinger van een pendule die van het ene uiterste naar het andere zwaait, altijd in beweging, altijd rusteloos. De yogi daarentegen is altijd kalm, verankerd in zijn ware natuur, als een slinger die stil hangt."

"De vredige persoon blijft kalm tot hij klaar is om aan het werk te gaan, dan komt hij in actie" zei Guruji. "Zodra hij klaar is, keert hij weer terug naar het centrum van kalmte. Wees altijd kalm, als de slinger die stil hangt maar ieder moment rustig in actie kan komen." En dan ging hij nog een stap verder. Nadat we gemediteerd hadden, moesten we dat bewustzijn uit onze meditatie meenemen bij het uitvoeren van onze taken en bezigheden – het bewustzijn dat we alles deden om God te dienen, waarbij Zijn kracht, Zijn energie, Zijn vitaliteit door ons heen stroomden.

Meditatie is de beste manier om de ziel te bevrijden

In deze *satsanga* heb ik met jullie een aantal praktische manieren gedeeld waarop Guruji ons leerde hoe we de ziel konden bevrijden van onwetendheid, van alles wat de ziel gevangen houdt in het sterfelijk bewustzijn – manieren die je in de wereld kunt toepassen, zoals we ze ook in de ashram toepassen. Hierdoor zul je steeds meer de uiteindelijke waarheid realiseren: 'Ik ben niet dit lichaam. Ik ben de ziel, een met de oneindige Geest.'

De mooiste manier om dat bewustzijn te bereiken en vast te houden is de spirituele aanwijzingen van de guru over diepe meditatie te volgen. Door te mediteren breng je de gedachten en het bewustzijn tot bedaren en laat je ze rusten, net zoals de slinger die stil hangt – verankerd in God, in de stilte waarin je Zijn aanwezigheid begint waar te nemen.

Meester benadrukte dat in meditatie ieder moment telt. Ieder moment is een verbinding met God, een vereniging van ons hele wezen met die Werkelijkheid. Een aantal van ons was eens met hem meegegaan toen hij zich een tijd in Arizona afzonderde om aan zijn geschriften te werken. Onze dagen waren ontzettend vol en op een ochtend deed ik mijn best om vroeger wakker te worden zodat ik wat meer tijd zou hebben om te mediteren. Het was geen heel diepe meditatie, maar toch was ik trots op mezelf dat ik die ochtend langer had gemediteerd. Toen ik Meester zag, keek hij me aan en zei: "Je hebt deze ochtend niet gemediteerd."

Ik protesteerde: "Maar Meester, ik heb een uur lang gemediteerd."

Hij antwoordde: "Een half uur was genoeg geweest."

Mijn spirituele trots was verpletterd. Maar ik dacht hier een tijdje over na en toen begon ik het te begrijpen en wist ik wat hij bedoelde: 'Je hebt een uur gemediteerd, dat wil zeggen je hebt een uur in meditatiehouding gezeten, maar als je de helft van die tijd diep en intensief zou hebben gemediteerd, had je twee keer zoveel uit je meditatie gehaald.'

Ik herinner me ook dat een van de monniken meester in de hal tegenkwam en heel trots tegen hem zei: "Meester, vanochtend heb ik driehonderd *kriya*'s gedaan" in de verwachting dat Meester zou zeggen: "Oh, gezegende *chela*, dat is geweldig. Ik ben zo trots op je!" Maar Meester liep gewoon door en zei terloops toen hij langs de monnik liep: "Drie waren genoeg geweest." Op deze manier benadrukte hij het belang van diepe meditatie.

ZELFS EEN KORTSTONDIGE GLIMP VAN GODDELIJK BEWUSTZIJN TRANSFORMEERT JE LEVEN

Iedereen die ook maar een kortstondige glimp van God heeft opgevangen kan nooit meer dezelfde zijn, kan nooit meer tevreden zijn met het beperkte wereldse bewustzijn van voorheen. Het is niet zo dat je niet meer van de wereld of haar gezonde vermaak geniet; je richt alleen je bewustzijn van de uiterlijke naar de innerlijke kant van de werkelijkheid. In plaats van je te identificeren met fysieke vormen en beperkingen, gehechtheden en verlangens, persoonlijke voorkeur, vreugde en verdriet, zie je alle leven als een uitdrukking van God. Je neemt waar dat alles is gemaakt uit Zijn oneindige licht en bewustzijn. Je geniet van de liefde en het gezelschap van je familie omdat je voelt dat Zijn liefde door je heen stroomt, de liefde die Hij je heeft gegeven om van die familie te houden. In de liefde die je op jouw beurt van hen krijgt, voel je niet alleen een egoïstische, fysieke, beperkte menselijke emotie maar die oneindige goddelijke liefde. Als je naar een roos kijkt of naar de talloze prachtige dingen die God heeft geschapen, zie je achter de schoonheid van de bloemblaadjes het oneindige licht en bewustzijn van de Schepper die die schoonheid heeft gemaakt en in stand houdt.

Zoals Meester ons eraan herinnerde: "De echte leerling is niet degene die altijd zegt: 'Wanneer zal ik God vinden? Waar is Hij? Ik verlang naar God, hoe kan ik Hem vinden?' De echte leerling is de ziel die zegt: 'Ik heb God al. Hij is de hele tijd bij me, in me, om me heen. Ik weet dat het God is die in de vorm van al mijn geliefden van me houdt, dat Hij de schoonheid is achter de roos en de zonsondergang, dat het Zijn kracht en leven is die in mijn hart klopt en door mijn adem stroomt. Ik ben een deel van Hem, elk moment van mijn leven.'"

Leer op deze manier te denken. Zoals Krishna in de *Bhagavadgita* tegen Arjuna zegt: 'Leer je bewustzijn te verankeren in Dat wat onveranderlijk is' zodat, in de woorden van onze guru, je 'onwankelbaar kunt blijven staan te midden van ineenstortende werelden'. Welke ervaringen je ook in het uiterlijke leven moet doormaken of welke lessen je door die ervaringen ook leert, laat het bewustzijn altijd gericht zijn op die ene werkelijkheid – het enige dat je nooit in de steek zal laten, dat nooit zal veranderen, dat eeuwig is: God en je relatie met Hem.

DE GROTE *SAMADHI* VAN PARAMAHANSAJI IN 1948

Voor de leerlingen onder ons die dichtbij Meester leefden werd God zo werkelijk, niet alleen door de training die Meester ons in meditatie en spiritueel leven gaf, maar ook door de manifestaties van Gods oneindige aard die we in onze guru zelf zagen. Ik wil graag over zo'n ervaring vertellen.

Het was het einde van een middag in 1948. We waren op kantoor en in de ashram op Mount Washington druk aan het werk toen Meester een aantal van ons vroeg naar zijn kamer te komen. We zagen aan zijn gezicht dat hij diep in het bewustzijn van God was verzonken. We kwamen stilletjes binnen en hij gebaarde ons op de vloer te gaan zitten, dus we gingen zitten en begonnen te mediteren.

Meester bad vanuit het diepst van zijn hart tot de goddelijke Moeder. Hij sprak heel intiem met Haar, stortte alle problemen van de organisatie uit die nog opgelost moesten worden, alle lasten die op zijn schouders rustten voor de opbouw van de organisatie. Hij wist dat hij niet lang meer in die fysieke vorm zou leven en er was nog veel te doen.

Goddelijk bewustzijn in het dagelijks leven

Toen liep hij naar de kamer ernaast en ging in de grote stoel zitten die daar stond. Hij vroeg om een mango die hij met ons zou gaan delen. Toen hij de mango wilde aansnijden, werd zijn hele bewustzijn door God naar binnen getrokken. En toen hadden we het voorrecht getuige te zijn van iets dat maar heel zelden in de wereld is voorgekomen.

In deze *samadhi* van Meester, die de hele nacht tot ongeveer acht uur de volgende ochtend duurde, zagen we Meester met God praten, met de goddelijke Moeder – en hoorden we hoe Ze zijn stem gebruikte om antwoord te geven. We hoorden zijn woorden aan Haar in de stem die we van hem kenden en wanneer Zij antwoordde met de stem van Meester was de stem ietsje anders, het klonk anders, de toon verschilde duidelijk.

Hij zei tegen ons: "In deze *samadhi* geeft God jullie allemaal een heel speciale zegen omdat je deelgenoot mag zijn van mijn ervaring." Het was ontzagwekkend! Op een gegeven moment liet de goddelijke Moeder hem de eindeloze omvang van de oneindigheid zien. Hij zei dat zijn bewustzijn door de hele kosmos vloog, zich uitbreidde tot het einde van de eeuwigheid en we hoorden hem tot de goddelijke Moeder zeggen: "Is dit het einde van de oneindigheid?"

Ze antwoordde: "Ja, dit is het einde en het is nog maar het begin."

Toen legde zijn bewustzijn een oneindig grote afstand af en hij zei weer: "Is dit het einde?"

En opnieuw zei Ze: "Ja, dit is het einde en het is nog maar het begin."

De goddelijke Moeder vertelde in die *samadhi* veel over de toekomst van dit werk. Meester zei tegen ons dat Haar zegeningen en de zegeningen van de guru altijd op deze speciale missie van SRF/YSS zouden rusten en dat die er altijd zouden zijn voor iedere ziel die de nectar van Gods aanwezigheid komt drinken.

Na die tijd had Meester vaak heel diepe ervaringen met God. Hij zei dan tegen ons: "Zien jullie hoe mijn leven nu is? Als je ook maar een glimp kon opvangen van wat ik binnen in me ervaar, zou je jezelf geen moment rust meer gunnen tot je dat goddelijk bewustzijn hebt bereikt." Zo sprak hij met ons en probeerde ons te prikkelen, ons uit de apathie van de schijnwerkelijkheid en onwetendheid te schudden die maakt dat we denken, dat we zoveel tijd aan dit lichaam moeten besteden, zoveel tijd nodig hebben om te slapen, zoveel tijd waarin we God vergeten. "Als de goddelijke Moeder je ook maar een beetje zou laten ervaren van dit oneindige licht, deze oneindige vreugde, liefde en vrijheid die ik nu voel" zo zei hij altijd, "dan zou je niet meer rusten tot je die staat hebt bereikt."

Laat je niet langer door *maya* voor de gek houden

Als er één boodschap is die ik jullie het liefst wil meegeven, dan zijn het wel deze woorden van Meester – om je uit elke vorm van spirituele apathie wakker te schudden en om een groter verlangen naar God in je te wekken, een grotere inzet om diep te mediteren en de wegen te volgen die onze gezegende guru en de guru's van Self-Realization Fellowship ons hebben gewezen.

Deze leer leidt daadwerkelijk naar dat goddelijke doel. We zagen dat de resultaten op een volmaakte manier tot uitdrukking kwamen in het leven van onze guru en op veel kleinere, bescheidener manieren in ons eigen leven. Hierdoor kunnen we, net als de guru, getuigen dat zelfs als je slechts een klein beetje van die oneindige liefde, vreugde en vervulling van God hebt geproefd, er iets in je leven komt dat niets anders – geen menselijke ambitie of genoegen – je kan geven. Probeer het. Doe oprecht je best om dat in je leven te ervaren.

Goddelijk bewustzijn in het dagelijks leven

Laat je niet langer door de schijnwerkelijkheid (*maya* oftewel Satan) voor de gek houden en denken dat je vastzit en beperkt wordt door de onbeduidende ervaringen van dit menselijk lichaam – door fysieke, kortstondige verlangens en voorwerpen. Besteed wat tijd aan God. Van de vierentwintig uur die ons elke dag zijn gegeven, kunnen we toch zeker wel een uur vrijmaken voor Hem die ons heeft geschapen. Wanneer je wakker wordt, laat je gedachten dan naar God gaan en in Hem rusten. Probeer vervolgens dat bewustzijn de hele dag vast te houden. Zorg dat je de dag eindigt met meditatie en dat je je bewustzijn in Hem laat rusten voordat je gaat slapen. Wanneer je zelfs maar een uur per dag in meditatie aan God geeft en je je oprecht inzet, zul je zien hoe je leven verandert.

Hij zei altijd: "In die korte momenten wanneer je even bevrijd bent van de verantwoordelijkheden en eisen van het leven, verdoe je tijd dan niet door de radio of televisie aan te zetten of de telefoon te pakken om met een vriend te roddelen. Gebruik die tijd in plaats daarvan voor God. Ook al is het maar een of twee minuten, ga zitten en mediteer, of keer je bewustzijn naar binnen en laat de gedachten rusten in God. Voel in die momenten zoveel devotie, zoveel liefde en verlangen naar God dat de hele wereld verdwijnt en je weet dat Hij de enige werkelijkheid is."

De enige werkelijke relatie is de relatie van je ziel met de Geest – de eenheid van je ziel en je hele wezen met God. Daarom zei Paramahansa Yogananda tegen ons: "Wanneer je in die kleine pauzes God liefhebt, zul je Zijn goddelijke antwoord veel meer voelen. En je zult zien hoe die liefde je leven volledig vervult."

Het enige wat je nodig hebt is iets dat niemand je kan geven. Het is je eigen wil en je inzet om te doen wat onze guru ons heeft geleerd. Ik verzeker je dat de goddelijke Moeder elke behoefte, zelfs elke kleine bevlieging die ooit in het bewustzijn van Meester opkwam, heeft vervuld. Ze zal dat ook voor jou doen. Je moet werken en je verantwoordelijkheden in deze wereld nakomen. God wil niet dat je deze verwaarloost. Je zult ontdekken dat, zoals ik in het begin zei, hoe dichter je bij God komt, des te evenwichtiger en volmaakter je zult worden. Je kunt je verantwoordelijkheden veel beter vervullen. Je kunt anderen veel zuiverder liefhebben en je relaties met anderen worden beter. Je begrip wordt zuiverder zodat je, bij alles waar je in je leven mee geconfronteerd wordt, een helder perspectief kunt vinden en ontdekt hoe je je leven door dit doolhof van ervaringen kunt loodsen. God zal je de weg wijzen.

Wanneer je de restanten van al deze beperkingen waar we het vanavond over hebben gehad uit je bewustzijn begint te verwijderen, is het alsof er een mist optrekt. Alles wordt helderder. Je verplichting aan de wereld, aan familie, aan de mensheid, aan God – het komt allemaal in het juiste perspectief te staan en je merkt dat je al deze door God gegeven verantwoordelijkheden kunt vervullen in de speciale rol die Hij je in deze incarnatie heeft gegeven.

Dus laat deze woorden niet slechts een kortstondige inspiratie zijn, maar zet ze om in je eigen realisatie, in de vervulling van je eigen doel op dit pad: eeuwige eenheid, die dagelijkse, voortdurende verbinding met de werkelijkheid die God is. Laat God nooit slechts een woord voor je zijn. Wees pas tevreden wanneer dat woord een realisatie is geworden, een ervaring binnen in je geest, je hart en je ziel.

Deel II

De zegeningen van *kriyayoga* in het dagelijks leven

Deze voordracht werd door Mrinalini Mata gegeven tijdens een van de zes bezoeken die ze aan India heeft gebracht om het werk van Paramahansa Yogananda te helpen verspreiden.

In deze wereld van dualiteit en relativiteit met al haar pijn, verdriet, lijden en verwarring, is er een onmiskenbare behoefte aan wetenschappelijke kennis over hoe we ons leven moeten leiden. We hebben geen behoefte aan een wetenschap die ons alleen maar meer materiële welvaart en meer spullen geeft, maar een wetenschap die ons leert hoe we moeten leven. Dat is waar het de mensheid aan ontbreekt – en wat alle problemen en moeilijkheden in onze huidige wereld veroorzaakt. En dat is wat onze guru, Paramahansa Yogananda, met zijn leer over *kriyayoga* naar het Westen heeft gebracht.

Goddelijk bewustzijn in het dagelijks leven

Door de eeuwen heen heeft de mensheid herhaaldelijk wetenschappelijke kennis ontvangen over hoe we ons leven moeten leiden. God (die we goddelijke Moeder noemen) moet wel oneindig geduldig zijn, want hoe zou God anders zo eeuwig liefdevol en geduldig voor Zijn kinderen kunnen zijn en ons eraan blijven herinneren: 'Dit is Mijn wereld; Ik heb haar geschapen. Ik heb haar goed geschapen, Ik heb haar mooi gemaakt. Ik heb jullie allemaal geschapen, Ik heb *jullie* goed gemaakt, Ik heb *jullie* mooi gemaakt. Ik heb jullie in de heilige schrift toegesproken, Ik heb jullie door de stem en de voorbeelden van de *avatars* en heiligen telkens opnieuw gezegd wat je in deze wereld moet doen om haar mooi te houden, om je leven in harmonie met Mij te leven zodat je Mijn schoonheid en vreugde en vrede en welvaart op deze aarde kunt manifesteren – deze aarde die Ik heb geschapen en die alleen Ik in stand kan houden. Maar wat hebben jullie met deze wereld gedaan?'

De moderne cultuur heeft met grote, door *maya* ingegeven kracht op allerlei manieren geprobeerd God te verwijderen uit een 'wetenschappelijk' beeld van de kosmos en uit het dagelijks leven. Toch zal de wereld nooit blijvend geluk, blijvende vrede of vrijheid van lijden kennen, zolang de mens ontkent dat God de allerhoogste werkelijkheid is in deze schepping, die alleen door Zijn oneindige gedachte is gemaakt en in stand wordt gehouden.

De oorzaak van ons lijden

In de gedachten van iedereen die lijdt komt een moment dat hij zich afvraagt en gaat twijfelen: 'Als er een God is, waarom staat Hij dit lijden dan toe? Waarom is dit lijden in mijn leven gekomen? Hoort God mijn gebeden?' En wanneer we zien hoe miljoenen door catastrofes, oorlogen en rampen worden getroffen, kunnen we niet anders dan denken: 'Waar is God? Heeft Hij ons zomaar als een grote mensenmassa in deze wereld vol problemen gegooid en Zich vervolgens teruggetrokken?'

Maar God *is* er. Hij luistert en Hij geeft antwoord. We zien hier voorbeelden van in het leven van de heiligen en de goddelijke meesters. Ook iemand die in het gewone leven zelfs maar heel even dat oneindige Bewustzijn aanraakt, wanneer er misschien een gebed wordt verhoord, vangt een glimp op en voelt: 'Ah, God is echt, Hij geeft *wel* antwoord!' Volgens het moderne oppervlakkige denken is dit 'onwetenschappelijk'. Maar grote heiligen zoals onze Gurudeva Paramahansa Yogananda verklaren dat er een diepgaandere wetenschap is die volmaakte antwoorden heeft op al onze vragen over het leven. Dat is de yogawetenschap.

God heeft zich niet teruggetrokken. Hij heeft ons geschapen naar Zijn beeld. Hij hulde een klein deeltje van Zijn oneindige bewustzijn in individualiteit en zei: 'Nu ben je een ziel en stuur ik je naar Mijn wereld van *maya* om uitdrukking te geven aan een deel van Mijn oneindige natuur – niet zomaar als een wezen van zuiver bewustzijn dat als ziel is geïndividualiseerd, maar als een wezen gehuld in een begrensd lichaam van astrale levensenergie en van fysieke materie, geplaatst in een onmetelijke kosmos van materiële voorwerpen en energieën.' Maar wat gebeurt er? De mens raakt verstrikt in dat *maya*. Paramahansaji noemde *maya* altijd een kosmische hypnose. Om het toneelspel van de schepping te spelen heeft de Heer ons bewustzijn de krachtige suggestie gegeven dat deze wereld echt is en dat we van Hem zijn afgescheiden. Omdat die hypnotische suggestie zo sterk is, geloven we erin – we zien alleen het eindresultaat van het proces van de kosmische schepping: de fysieke wereld en ons zwakke fysieke lichaam. We vergeten dat God onze oorsprong is en dat onze goddelijke aard gelukzaligheid en onsterfelijkheid is, onlosmakelijk met Hem verbonden. En daar begint ons lijden. Maar we kunnen hieraan ontsnappen. De kosmische wetten die God in werking heeft gezet toen Hij Zichzelf als deze veelheid schiep – toen Hij deze oneindige hoeveelheid geïndividualiseerde wezens en natuur uit Zijn eigen Zelf tevoorschijn spuwde en van Zich weg leek te sturen – deze zelfde goddelijke wetten werken ook in tegenovergestelde richting. En het toepassen van die kennis is de kern van de yogawetenschap.

De echte yoga in ere herstellen als een manier van evenwichtig spiritueel leven

In haar hoogste vorm betekent yoga vereniging: het besef dat de geïndividualiseerde ziel verenigd is met God, dat dit altijd zo is geweest en altijd zo zal zijn. De yogawetenschap wordt door haar beoefenaars geprezen, want zodra je haar wetten gaat toepassen en zo de verbindingen herstelt waardoor het bewustzijn zich realiseert dat het eeuwig één is met God, begin je ook te putten uit de oneindige eigenschappen van God. Zo is bijvoorbeeld de vrede van God de eerste ervaring van de mediterende yogi.

Maar in de loop van de eeuwen is de beoefening van yoga heel ingewikkeld en esoterisch geworden – niet iets dat relevant of toepasbaar is in het dagelijks leven. Een aantal yogabeoefenaars ontdekten dat ze door het toepassen van de goddelijke wetten om het naar buiten gerichte bewustzijn weer terug te leiden naar God, ook 'bovennatuurlijke' vermogens en vaardigheden konden verwerven. Ze werkten met de wetten die de materiële schepping en het menselijk omhulsel in het fysieke lichaam tot stand hebben gebracht. En toen ze met die scheppende kracht in aanraking kwamen, begonnen ze vaardigheden te ontwikkelen waarmee ze zowel goede als slechte dingen in deze wereld konden doen: niet alleen vaardigheden waarmee ze de waarheid konden waarnemen en de weg om zich met God te verenigen, maar ook paranormale waarnemingen van de astrale werelden van licht waaruit deze fysieke wereld is ontstaan en verschillende andere paranormale vermogens. Het ego van de gemiddelde mens is vooral gericht op zijn eigen voortbestaan en het ontplooien van zijn vaardigheden in deze wereld van *maya,* waaraan hij zo is gehecht. Velen beschouwden yoga dan ook vooral als een wetenschap om bijzondere vermogens en gaven te ontwikkelen. Ze vergaten dat yoga in werkelijkheid de wetenschap van de ziel is: het besef doen ontwaken dat de ziel één is met God.

Goddelijk bewustzijn in het dagelijks leven

Zo beschouwd is yoga heel eenvoudig. Yoga is een manier van leven, een manier van denken, een manier waarop je je gedraagt, en veel meer dan dat: het is een ontwikkelingsproces waarmee je jezelf verandert. Het doel van de wetenschap van *kriyayoga*, waar we het vanvond over hebben, is niet het ontwikkelen van occulte vermogens. Het gaat er ook niet zozeer om dat je heel succesvol wordt in deze wereld. Het doel is het slapende beeld van God binnen in jezelf opnieuw te wekken; je te realiseren, zoals de geschriften zeggen: '*Tat tvam asi*,' 'Dat ben jij.' Hierbij zet je alle dingen die je afleiden van dat allesvervullende doel opzij. Guruji zei altijd dat als je heel oprecht op zoek bent naar God, je door de tuin van astrale verschijnselen en vermogens heen moet lopen en er niet in verstrikt moet raken. Alleen zo kun je het paleis van God bereiken.

KRIYAYOGA: EEN SPECIALE MISSIE
VOOR DE MODERNE WERELD

In de Himalaya bij Ranikhet blies Mahavatar Babaji in 1861 de oeroude wetenschap van *kriyayoga* nieuw leven in en leerde de techniek aan Lahiri Mahasaya van Benares, de grote heilige die we *Yogavatar* noemen ('incarnatie van yoga'). Babaji gaf hem toestemming de techniek niet alleen, zoals in het verleden, te geven aan in afzondering levende asceten die zich volledig uit de wereld hadden teruggetrokken, maar ook aan oprechte godzoekers met verantwoordelijkheden in de wereld – 'aan iedereen die nederig om hulp vraagt.' In 1894 ontmoette een van Lahiri Mahasaya's meest gevorderde leerlingen, Swami Sri Yukteswar, Babaji op een *Kumbhamela*. Bij die gelegenheid vertelde Babaji Sri Yukteswarji dat hij hem een aantal jaren later een *chela* (leerling) zou sturen om opgeleid te worden. Babaji had deze leerling uitgekozen om *kriyayoga* naar het Westen te brengen. Later, in 1920, zei Mahavatar Babaji persoonlijk tegen onze Gurudeva Paramahansa Yogananda: "Jij bent het die ik heb uitverkoren om de boodschap van *kriyayoga* in het Westen te verspreiden. Lang geleden heb ik je guru Yukteswar op een *Kumbhamela* ontmoet. Ik heb hem toen gezegd dat ik jou naar hem toe zou sturen om opgeleid te worden."

Babaji zag dat de tijd er rijp voor was dat deze wereld haar verdeeldheid, haar sektarische haat, haar secularisme moest opgeven – dat de mensheid met de vooruitgang van wetenschappelijke kennis en technologie in dit tijdperk van opwaartse evolutie moet leren met elkaar samen te leven. Zo niet, dan zal ze zichzelf vernietigen. *Kriyayoyga*, de essentie van de waarheid, is altijd gekoesterd en beschermd in India, dit spirituele moederland. *Kriyayoga*, die door Gurudeva naar het Westen is gebracht, zal uiteindelijk als een groot licht over de hele wereld worden verspreid en langzaam maar zeker vrede, begrip, eenheid, harmonie en broederschap brengen.

KRIYAYOGA IS EEN PAD
VAN WET EN LIEFDE

De eerste keer dat Guruji de *kriya*-techniek ontving was hij nog een kind. Zijn beide ouders waren leerlingen van Lahiri Mahasaya. Later, op zeventienjarige leeftijd, ontmoette hij Swami Sri Yukteswarji en van hem ontving hij de *kriya*-techniek als *diksha*, de spirituele inwijding die de guru aan de leerling geeft op het moment dat hij deze als leerling aanneemt. Over deze inwijding zei Paramahansaji dat *kriya* hem nooit eerder zoveel zegeningen, zoveel kracht had gegeven.

Waarom? De heilige schriften van India leren dat er drie essentiële dingen nodig zijn in het zoeken naar God. Op de eerste plaats moet er de inzet zijn van de *chela;* dit vormt vijfentwintig procent van wat nodig is om je doel te bereiken. Op de tweede plaats is de zegen van de guru nodig; dit is ook vijfentwintig procent. De zoektocht naar God vraagt grote inzet van de *chela*, maar zijn voortgang is in even grote mate te danken aan de hulp en bemiddeling van de guru, door wie de *chela* op het spirituele pad wordt gedragen. En de derde vereiste is Gods genade; dit is vijftig procent van het totaal. Niemand heeft God gevonden zonder de hulp van zijn of haar door God aangewezen guru; dat is een goddelijke wet. Deze wet is een essentieel onderdeel van de wetenschap van *kriyayoga*.

Het pad van *kriyayoga* dat ons naar God leidt is een pad van wet en liefde. Wet is noodzakelijk, want als we tegen Gods wetten ingaan (de wetten zoals de bijbelse tien geboden of de *yama-niyama* van de yogafilosofie), weven we een web van misleidend karma en lijden waaruit we ons maar moeilijk kunnen losmaken. De hoogste naleving van de spirituele wet is *sadhana* – de weg van spirituele discipline, en dan met name de verlossende techniek van *kriyayoga*, die de *chela* van zijn guru ontvangt. Als de *chela* zijn *sadhana* trouw en regelmatig beoefent zoals zijn guru hem heeft geleerd, past hij de wet toe.

Behalve op de wet moet de *chela* zich ook toeleggen op liefde. Guruji zei altijd zo lief dat God deze wereld heeft geschapen en dat alles in de wereld Hem toebehoort. Het is allemaal van Hem. Er is maar een ding dat God niet heeft en dat is de liefde van Zijn kinderen. Het is aan ons of we Hem liefhebben of vergeten. Dat is een deel van de individualiteit die Hij ons heeft gegeven. Maar omdat we God vergeten, blijven we zo pijnlijk verstrikt in *maya*, gevangen in de schijnwerkelijkheid van deze wereld van dualiteit en lijden!

Onze guru zei dat hij, toen hij *kriya* begon te beoefenen, in zichzelf een groeiende liefde voor God en een groter verlangen naar Hem voelde ontwaken – een toenemend begrip dat goddelijke liefde de enige werkelijkheid, de enige waarheid is in deze wereld van dualiteit en relativiteit die door die naar buiten gerichte kracht van *maya* is geschapen. *Kriyayoga* is zo effectief, zo compleet omdat deze techniek in het leven van de leerling Gods liefde, de universele kracht waarmee God alle zielen terugtrekt naar hereniging met Hem, in werking zet.

Hier ligt een diepe metafysische wetenschap aan ten grondslag. Met de trillende kracht van Zijn geest schiep God het kosmische Woord, OM, de trilling die de onderliggende structuur van de hele schepping vormt. Met deze enorme kracht gooide Hij de schepping – trillingen van Zijn eigen Ene Wezen – de ruimte in en gaf haar het vermogen zich uit te drukken in oneindige en geïndividualiseerde vormen. Maar God zei tegelijkertijd: 'Ik zal niet toestaan dat Mijn schepping zich voor altijd van Mij verwijdert. Ik zal niet toestaan dat ze ronddoolt in de eeuwigheid en gescheiden wordt van Mijn oneindige bewustzijn. Ik ben Zelf aanwezig in die OM-trilling (en dus in elk van die oneindig gevarieerde vormen die uit die oorspronkelijke scheppende trilling zijn voortgekomen) als liefde – als het aantrekkende vermogen dat de naar buiten gerichte kracht van *maya* neutraliseert en ervoor zorgt dat de hele schepping en al Mijn kinderen zich Mij weer herinneren en herkennen.'

Goddelijke liefde is dus de universele kracht, de aantrekkende kracht die werkzaam is in de schepping, die zorgt dat het universum zich niet op chaotische wijze verspreidt – de kracht die zorgt dat de planeten, sterrenstelsels en de kosmos in regelmatige cycli blijven ronddraaien. Het is de kracht van de evolutie die steeds hoger ontwikkelde levensvormen schept met toenemende vermogens om een hoger en hoger bewustzijn te manifesteren. Diezelfde aantrekkingskracht van Gods liefde werkt in meer of mindere mate in elk mensenhart, afhankelijk van of je ervoor kiest die liefde te beantwoorden of niet.

De kracht van *kriyayoga* ligt in de wetenschappelijke toepassing van deze metafysische wetten. Waarom zitten we gevangen in *maya*? Omdat dezelfde naar buiten gerichte kracht van de schepping die werkzaam is in het hele universum, ook actief is in onze individuele vorm. Meegesleurd door die kracht, verliest onze ziel het bewustzijn dat we één zijn met God. We zijn geschapen met het vermogen om als goddelijke wezens in het lichaam te wonen – als zielen gemaakt naar het volmaakte beeld van God. Maar zodra ons bewustzijn de goddelijke troon in de *sahasrara* oftewel de 'duizendbladige lotus' in de hersenen verlaat om via de *chakra*'s van leven en bewustzijn in de wervelkolom af te dalen en via het zenuwstelsel door het lichaam te stromen, is het bewustzijn geen ziel meer. Dan is het ego, *ahamkara*, en identificeert het zich met de zintuigen en het lichaam, en is het omhuld door illusie. In die staat voelt de mens: 'Ik ben dit lichaam. Ik neem waar door deze vijf zintuigen. Ik geniet en lijd in deze vorm. Ik breng dingen in de wereld tot stand. Ik verlang naar dingen van deze wereld. Ik heb deze bezittingen verworven en ze zijn van mij.' Ik, mij, van mij – alle moeilijkheden van de mens beginnen bij de staat waarin het gewone egobewustzijn zich heeft geïdentificeerd met het lichaam.

Kriyayoga is de wetenschap waarmee God tot de mens zegt: 'Je ziet hoe je naar buiten bent gegaan en hoe je nu in de schijnwerkelijkheid gevangen zit; dit is de methode waarmee je naar binnen kunt gaan en vrij zijn.' *Kriyayoga*, beoefend met de zegen van de guru die je bij je *diksha* (inwijding) hebt ontvangen, keert de naar buiten stromende scheppende trillingskracht in het lichaam om. Het bewustzijn wordt samen met de levenskracht naar binnen en omhoog geleid via de *chakra*'s in de wervelkolom. Langs dezelfde weg waardoor het bewustzijn in het lichaam en de zintuigen is afgedaald. Het bewustzijn vindt zijn plaats dan weer in het centrum van je spirituele wezen met zijn oneindige staat van goddelijk bewustzijn.

De eenvoud
van het pad van *kriya*

Het is in een korte toespraak niet mogelijk dit goed te beschrijven. Er zijn boeken volgeschreven over hoe ingewikkeld de yogawetenschap is en hoe de technieken van *pranayama* (beheersing van de levenskracht) werken om het bewustzijn terug te laten keren naar

God. Je hebt een heel leven of nog meer nodig om ze allemaal te lezen en in je op te nemen. Maar het *beoefenen* van *kriya* is heel eenvoudig. De leerling hoeft de metafysica ervan niet te begrijpen. Zijn wij het die Gods universum draaiende houden? Werken de natuurkundige wetten alleen als wij ze vertellen hoe ze moeten werken? Natuurlijk niet! De kosmische wetten werken voortdurend, of we nu wel of niet weten hoe ze werken.

Wanneer je *kriya* beoefent – en niet alleen de wet toepast zoals die in de techniek is opgenomen, maar ook het andere aspect waarover ik sprak: liefde voor God, een verlangen naar God in het hart – dan worden automatisch de diepe metafysische principes van de yogawetenschap erbij betrokken. Door de *pranayama*-techniek van *kriyayoga* wordt de wervelkolom 'gemagnetiseerd' en richt de concentratie zich naar binnen. Wanneer je de eenvoudige *kriya*-techniek beoefent met een hart vol devotie en een geest die is geconcentreerd op God, dan zullen Gods wetten als vanzelf je bewustzijn naar binnen leiden, naar het altaar waarop je God waarneemt. Dit gaat zonder dat je ook maar iets hoeft te weten van de gecompliceerde banen waarlangs *prana* zich op en neer beweegt door de wervelkolom; of van de manier waarop het bewustzijn door de *chakra*'s stroomt (steeds verfijndere aspecten van de scheppende OM-trilling); of van wat er gebeurt in het geestelijk oog (de *kutastha*). Je stemt je dan af op die grote trillende kracht van Gods liefde, die magnetische aantrekkingskracht in de schepping en in elke ziel. Door toewijding en de juiste beoefening van *kriya* wordt de magnetische werking van de naar binnen gerichte kracht in de leerling sterker dan de naar buiten gerichte kracht van *maya*, die ervoor heeft gezorgd dat de leerling denkt dat dit fysieke lichaam en de wereld echt zijn. Dit proces kan, indien nodig, jaren in beslag nemen. Dan kan de leerling wanneer hij maar wil de staat van innerlijke vereniging met God ingaan.

DE DIEPE STILTE NA HET BEOEFENEN VAN *KRIYA* IS DE WERKELIJKE VERERING VAN HET GODDELIJKE

In de Bijbel staat: 'Wees stil en weet dat Ik God ben.' In India staat in de heilige schriften over de goddelijke geliefde geschreven: 'Ik ben die diepe stilte voorbij alle beweging, voorbij alle trilling, voorbij elke vorm.' Wanneer de leerling heel stil en geconcentreerd is, komt hij in de staat die Patanjali in de *Yogasutra*'s *pratyahara* noemt en daarna *dharana*, de staat waarin de geest zich niet langer bewust is van het lichaam of van iets anders in de wereld om hem heen. Hij is vrij van alle verstoringen. En wanneer je die geconcentreerde, naar binnen gerichte aandacht volledig richt op God, dan kom je in de staat die Patanjali *dhyana*, werkelijke meditatie, noemt. Het is alsof het bewustzijn door een grote magneet naar binnen is getrokken, zodat we tenminste voor even boven het ego uitstijgen en het lichaam vergeten. In die diepe stilte beginnen we het goddelijke te voelen en realiseren we ons dat we nooit ook maar een moment gescheiden zijn geweest van de Geest.

In die staat is de eerste manifestatie van God vrede, een vrede 'die alle voorstellingsvermogen te boven gaat', een vrede die je volledig kalmeert – het is geen negatieve staat waarin je geest leeg is, maar een staat van helder bewustzijn en scherp waarnemingsvermogen. Als je God in deze staat van vrede en stilte met je hele wezen blijft aanroepen, zal de Heer antwoord geven in de persoonlijke of onpersoonlijke vorm die je het meest dierbaar is en die je behoefte en verlangen vervult. Zoals Krishna in de Gita zegt: 'Zoals de leerling mij vereert, zo zal Ik aan hem verschijnen.'

We kunnen God niet werkelijk vereren met uiterlijke plechtigheden, door te chanten of door iets anders te doen dat onze aandacht naar buiten trekt. De echte *puja*, de echte *yajna* (offerplechtigheid of uitvoering van een heilige rite) is de wetenschap van *kriyayoga*, waarin de leerling het enige offer brengt dat het goddelijke hart werkelijk raakt: 'Heer, het vuur van de Geest is binnen in me; in dat vuur werp ik voor altijd mijn egoisme, mijn persoonlijke verlangens en ambities, mijn slechte gewoonten en tekortkomingen, om ze voor eeuwig te verbranden in het vuur waarin uw Geest in mij ontwaakt.' Dat is de echte verering van God, de echte *puja*, die plaatsvindt in jezelf.

HOE JE VERANKERD KUNT BLIJVEN IN GOD
EN TOCH ACTIEF KUNT ZIJN IN DE WERELD

Misschien kan ik het effect van deze wetenschap van *kriyayoga* het best overbrengen door voorbeelden te geven van wat het beoefenen ervan teweeg heeft gebracht in het leven van anderen. Zoals we in het leven van Gurudeva zagen, zorgde *kriyayoga* ervoor dat hij altijd innerlijk verankerd was in goddelijk bewustzijn. Toch werkte hij in de wereld heel hard voor God en de mensheid en liet hiermee zien dat je meditatie heel goed kunt combineren met juist handelen: het ideaal van Krishna in de *Bhagavadgita*. Krishna zegt: 'Kinderen, Ik heb jullie hier geplaatst. Jullie moeten Mijn werktuig zijn, Mijn goddelijke vertegenwoordigers, om van deze wereld een betere plek te maken, om elkaar lief te hebben en te helpen. Je eerste verantwoordelijkheid is om zelf je eigen verlossing te vinden, maar wanneer je van de zoetheid van Mijn wezen hebt geproefd, deel dat dan met iedereen. Verlicht je lijdende broeders en zusters – zij die in duisternis, illusie en onwetendheid leven – zodat ze niet meer de fouten maken die hun lijden hebben veroorzaakt.'

Zo leefde Guruji zijn leven: innerlijk was hij een *bhakta* met volledige, liefdevolle overgave, maar uiterlijk was hij een *karmayogi*, onvermoeibaar aan het werk voor iedereen in deze wereld – zodat jij en ik en talloze zielen in alle landen deze boodschap zouden horen en weten dat er een manier is om niet alleen over God te horen maar om je werkelijk met Hem te verbinden.

Door *kriyayoga* zijn we veel beter in staat dienstbaar te zijn dan alleen maar met woorden. Zoals Guruji liet zien, bewijst deze wetenschap dat wanneer we het oneindige wezen van God in de stilte van meditatie aanraken, iets van die goddelijkheid een deel van ons wordt. Als de meditatie is afgelopen en we terugkeren naar de uiterlijke rol die we in deze wereld spelen, merken we dat we een paar van Gods goddelijke eigenschappen met ons meedragen. We hebben iets van deze wijsheid overgenomen en zijn daardoor beter in staat het doel van het leven te begrijpen, anderen te begrijpen, door onze eigen problemen in het leven heen te kijken en de juiste oplossingen te vinden. We hebben iets van de liefde van God in ons opgenomen en zijn daardoor beter in staat hen te vergeven die ons onrecht hebben aangedaan. Guruji zei altijd dat we weerstand moeten bieden aan het kwaad in deze wereld. "Werk niet mee en geef geen steun aan het kwaad en het onrecht waarmee de wetten van God worden geschonden. Maar" zei hij, "terwijl je je tegen onrecht verzet, heb de boosdoener lief en vergeef hem omdat je weet dat hij een kind van God is dat in illusie ronddoolt." Denk eens aan de verbondenheid, broederschap en harmonie die ontstaan als we allemaal iets van die goddelijke liefde kunnen delen. De echte *kriyayogi* is hiertoe in staat – hij kan ook een stukje van Gods andere eigenschappen lenen, zoals Zijn oneindige vrede en rust. De *kriyayogi* is in staat om, zoals Guruji het zo mooi uitdrukte: 'onwankelbaar te blijven staan te midden van ineenstortende werelden.'

Alleen God is onveranderlijk. Alles in Zijn naar buiten geprojecteerde schepping die we waarnemen en ervaren, is voortdurend in beweging. Verandering maakt ons bang en irriteert ons, maar de *kriyayogi*,

Goddelijk bewustzijn in het dagelijks leven

verankerd in dat wat onveranderlijk is, is in staat zijn taken en verantwoordelijkheden in het leven uit te voeren en toch vredig en kalm te blijven waardoor hij beter met zijn problemen kan omgaan. En omdat hij goed met zijn eigen problemen kan omgaan, kan hij anderen beter helpen met hun problemen.

DE ZEGENINGEN VAN *KRIYA* IN HET LEVEN VAN PARAMAHANSAJI'S LEERLINGEN

We zagen de effecten van *kriyayoga* niet alleen in het leven van onze goddelijke Gurudeva, maar ook in zijn spirituele opvolgers. Rajarsi Janakananda was, materieel gezien, een van de succesvolste ondernemers in het Westen. Hij was president van een van de grootste verzekeringsmaatschappijen in de Verenigde Staten en eigenaar van talrijke andere ondernemingen. Voordat hij in 1932 Gurudeva ontmoette, was hij diep ongelukkig en had hij een heel slechte gezondheid als gevolg van materialisme en stress. Bij hun eerste ontmoeting gaf Gurudeva hem de *diksha* van *kriyayoga* en toen Rajarsi voor de allereerste keer de techniek deed, ging hij in *samadhi*. Gurudeva zei dat dit kon omdat hij in vorige levens een yogi was geweest en al veel goed karma had verzameld. Maar hij trok zich niet uit de wereld terug. Guruji zei dat het de rol van Rajarsi was om in de wereld te zijn maar niet van de wereld, net zoals Lahiri Mahasaya dat in India had laten zien: om te tonen wat het effect *van kriya* kan zijn in hen die verantwoordelijkheden in de wereld hebben.

Telkens wanneer hij tijd vrij kon maken van zijn plichten in Kansas City, kwam hij naar Guruji's ashram in Encinitas aan de Stille Oceaan. Daar konden we Rajarsi urenlang in de brandende zon zien zitten, en ook wanneer het begon te regenen, helemaal verzonken in *samadhi*. Hij hield ervan om in de oceaan te zwemmen en dan de staat van *matsyasana* in te gaan – de 'vishouding' waarbij je op je rug in de lotuspositie ligt – en in *samadhi* als een kurk op de golven te drijven. Uren achter elkaar konden we hem daar zien drijven. En hij droeg die innerlijke vereniging mee bij het uitvoeren van al zijn verantwoordelijkheden.[1]

In die jaren zagen we ook dat Gurudeva Daya Mata uitverkoren had. Ze was pas zeventien jaar toen ze Gurudeva in 1931 ontmoette. Hij zei dat hij tot die tijd had gedacht: 'Heer, waar zijn die *chela*'s in wie ik dit

---

[1] Rajarsi Janakananda was een geliefde en vergevorderde leerling van Paramahansa Yogananda en diens eerste spirituele opvolger als president van Self-Realization Fellowship. Hij bekleedde die positie van 1952 tot aan zijn overlijden in 1955.

werk kan planten, die het zullen voortzetten en zuiver houden, zoals ik mijn guru heb beloofd?' Hij zei toen Daya Mata kwam: "Ik zag dat zij degene was die God had uitgekozen." Ze heeft ons gezegd dat Guruji een keer tegen haar zei: "Als je in dit leven alleen maar *kriya* doet, zul je je doel bereiken." En door haar volledige toewijding aan de guru en door zijn *kriyayoga*-leer toe te passen heeft ze, in de tientallen jaren waarin ze dit werk heeft geleid, met haar leven en goddelijke liefde duizenden over de hele wereld op een prachtige manier geraakt.[2]

DE ZEGEN VAN *KRIYAYOGA*
VOOR DE WERELD

Dit zijn de zegeningen van *kriyayoga*. Het verandert iedereen die deze techniek serieus beoefent in kinderen van de goddelijke Moeder: goddelijke wezens die in staat zijn vrede, begrip, onvoorwaardelijke liefde met de hele mensheid te delen. Het is niet de bedoeling van God dat, op een paar heiligen zo nu en dan na, de wereld Hem blijft vergeten. Door de boodschap van *kriyayoga* die door onze Gurudeva en *paramguru*'s is

---

2 Sri Daya Mata overleed op 30 november 2010. Ze was meer dan 55 jaar president van SRF/YSS.

gegeven, zegt God: 'Jullie zijn allemaal goddelijke kinderen. Het is jullie heilig voorrecht en plicht om een wetenschap van de ziel te volgen, om je weer te realiseren dat je één bent met Mij.' Verbind je in meditatie met God zodat je Hem in je eigen leven, in je eigen wezen, in je eigen bewustzijn kunt brengen. Hierdoor zul *jij* veranderen en wordt de duisternis uit je eigen bewustzijn verbannen. Als de elektriciteit uitvalt, is het niet voldoende dat er een of twee lucifers in dit grote auditorium worden aangestoken. Maar als iedereen een lucifer aansteekt, wordt de hele zaal verlicht. Zo zal het ook zijn wanneer de wetenschap van *kriyayoga* vlam zal vatten in vele harten op deze wereld, overal zal haar licht moedeloosheid en illusie verdrijven.

Over de schrijver

Sri Mrinalini Mata, een van de leerlingen die persoonlijk door Paramahansa Yogananda is opgeleid en gekozen om na zijn overlijden de doelstellingen van zijn organisatie voort te zetten, was president en spiritueel hoofd van Self-Realization Fellowship/Yogoda Satsanga Society of India van 2011 tot haar overlijden in 2017. Ze heeft meer dan zeventig jaar het werk van Paramahansa Yogananda onbaatzuchtig gediend.

In 1945 ontmoette de toekomstige Mrinalini Mata Paramahansa Yogananda voor de eerste keer in de tempel van Self-Realization Fellowship in San Diego. Ze was toen veertien jaar. Al een paar maanden later ging haar verlangen in vervulling om haar leven te wijden aan het zoeken en dienen van God. Met toestemming van haar ouders trad ze in de ashram in Encinitas, Californië, in als non van de orde van Self-Realization Fellowship.

In de jaren die hierop volgden (tot het overlijden van de guru in 1952) had ze dagelijks contact met Paramahansaji die veel aandacht schonk aan de spirituele training van deze jonge non. (Ze voltooide ook haar formele opleiding op de plaatselijke scholen.) Vanaf het allereerste begin van haar leven in de ashram kende hij haar toekomstige rol en sprak hier met andere leerlingen openlijk over. Hij leidde haar persoonlijk op om zijn geschriften en voordrachten klaar te maken voor publicatie na zijn overlijden.

Mrinalini Mata (haar naam verwijst naar de lotusbloem die traditioneel in India wordt beschouwd als een symbool van zuiverheid en spirituele ontplooiing) heeft vele jaren als hoofdredacteur van de boeken, *Lessen* en tijdschriften van Self-Realization Fellowship gewerkt. De boeken die dankzij haar inzet zijn uitgegeven zijn onder andere het meesterlijke commentaar van Paramahansa Yogananda op de vier evangeliën (getiteld *The Second Coming of Christ: The Resurrection of Christ Within You*), zijn goed ontvangen vertaling van en commentaar op *The Bhagavad Gita (God Talks With Arjuna)*, verschillende boeken met zijn poëzie en inspirerende geschriften en drie grote bloemlezingen met zijn verzamelde voordrachten en essays.

Andere boeken en opnamen van Sri Mrinalini Mata

Boeken

The Guru-Disciple Relationship
(De relatie tussen guru en leerling)
(How to Live Booklet)

CD's

Living in Attunement with the Divine

Look Always to the Light

The Guru: Messenger of Truth

If You Would Know the Guru

The Interior Life

The Yoga Sadhana That Brings God's Love and Bliss

DVD's

In His Presence:
Remembrances of Life With Paramahansa Yogananda

Portal to the Inner Light:
Official Release of Paramahansa Yogananda's The Second Coming of Christ: The Resurrection of the Christ Within You

Be Messengers of God's Light and Love

The Second Coming of Christ: Making of a Scripture

Reminiscences by Sri Daya Mata and Sri Mrinalini Mata

Over Paramahansa Yogananda

Paramahansa Yogananda (1893–1952) wordt algemeen beschouwd als een van de meest vooraanstaande spirituele personen van onze tijd. Hij is geboren in Noord-India en heeft vanaf 1920 in de Verenigde Staten gewoond. Daar heeft hij meer dan dertig jaar onderricht gegeven in de aloude meditatie-wetenschap van India en een evenwichtige spirituele levenswijze. Door zijn veelgeprezen levensverhaal, *Autobiografie van een yogi*, en zijn talrijke andere boeken heeft Paramahansa Yogananda miljoenen lezers kennis laten maken met de tijdloze wijsheid van het Oosten. Zijn spirituele en humanitaire werk wordt voortgezet door Self-Realization Fellowship, de internationale organisatie die hij in 1920 heeft gesticht om zijn leer wereldwijd te verspreiden. Huidig president en spiritueel hoofd van Self-Realization Fellowship is broeder Chidananda.

Uitgaven van Self-Realization Fellowship in het Nederlands

Verkrijgbaar op *www.srfbooks.org*
en andere online boekwinkels

Autobiografie van een yogi

De wet van het succes

Hoe je met God kunt praten

Wetenschappelijke genezingsaffirmaties

Meditaties voor de ziel

Uitspraken van Paramahansa Yogananda

*Innerlijke vrede:
Op een kalme manier actief en
op een actieve manier kalm zijn*

Waarom God het kwaad toelaat en hoe je het kunt ontstijgen

*Intuïtie:
leiding vanuit de ziel bij beslissingen in het leven*

Goddelijk bewustzijn in het dagelijks leven

BOEKEN VAN PARAMAHANSA YOGANANDA IN HET ENGELS

Autobiography of a Yogi

*God Talks With Arjuna: The Bhagavad Gita —
A New Translation and Commentary*

*The Second Coming of Christ:
The Resurrection of the Christ Within You —
A Revelatory Commentary on the Original Teachings of Jesus*

The Yoga of the Bhagavad Gita

The Yoga of Jesus

<u>*The Collected Talks and Essays:*</u>

*Volume I: Man's Eternal Quest
Volume II: The Divine Romance
Volume III: Journey to Self-realization*

*Wine of the Mystic: The Rubaiyat of Omar Khayyam —
A Spiritual Interpretation*

Songs of the Soul

Whispers from Eternity

Scientific Healing Affirmations

*In the Sanctuary of the Soul:
A Guide to Effective Prayer*

The Science of Religion

Metaphysical Meditations

*Where There Is Light —
Insight and Inspiration for Meeting Life's Challenges*

Sayings of Paramahansa Yogananda

*Inner Peace:
How to Be Calmly Active and Actively Calm*

*Living Fearlessly —
Bringing Out Your Inner Soul Strength*

The Law of Success

How You Can Talk With God

Why God Permits Evil and How to Rise Above It

To Be Victorious in Life

Cosmic Chants

Audio-opnamen van Paramahansa Yogananda

Beholding the One in All

The Great Light of God

Songs of My Heart

To Make Heaven on Earth

Removing All Sorrow and Suffering

Follow the Path of Christ, Krishna, and the Masters

Awake in the Cosmic Dream

Be a Smile Millionaire

One Life Versus Reincarnation

In the Glory of the Spirit

Self-Realization:
The Inner and the Outer Path

Andere uitgaven van Self-Realization Fellowship

The Holy Science
Swami Sri Yukteswar

Only Love:
Living the Spiritual Life in a Changing World
Sri Daya Mata

Finding the Joy Within You:
Personal Counsel for God-Centered Living
Sri Daya Mata

Intuition: Soul Guidance for Life's Decisions
Sri Daya Mata

God Alone: The Life and Letters of a Saint
Sri Gyanamata

"Mejda": The Family and the
Early Life of Paramahansa Yogananda
Sananda Lal Ghosh

Self-Realization Magazine
(een kwartaaltijdschrift, opgezet door
Paramahansa Yogananda in 1925)

Film op DVD

Awake: The Life of Yogananda
Een documentairefilm van CounterPoint Films

Een volledige catalogus met alle boeken en audio- en video-opnamen — waaronder zeldzame archiefopnamen van Paramahansa Yogananda — is verkrijgbaar op *www.srfbooks.org*.

GRATIS INTRODUCTIEPAKKET

Paramahansa Yogananda's wetenschappelijke meditatietechnieken, inclusief *kriyayoga*, worden uitgelegd in de *Self-Realization Fellowship Lessen*. Ook biedt deze schriftelijke reeks lessen zijn praktische aanwijzingen over alle aspecten van een evenwichtig spiritueel leven. Een uitgebreid informatiepakket over de *Lessen* kun je gratis aanvragen op *www.srflessons.org*.

Self-Realization Fellowship
3880 San Rafael Avenue • Los Angeles, CA 90065-3219
Tel 001 323 225-2471 • Fax 001 323 225-5088

www.yogananda.org

www.ingramcontent.com/pod-product-compliance
Lightning Source LLC
Chambersburg PA
CBHW032148040426
42449CB00005B/437